法律家・消費者のための住宅地盤Q&A

地盤工学会関東支部地盤リスクと法・訴訟等
の社会システムに関する事例研究委員会 編

発行 民事法研究会

推薦の辞

　待ち望んでいた書籍が出版された。本書は、住宅地の地盤を媒介に、次の3つのグループの人たちを結ぶ役割を果たしてくれるであろう。1番目のグループの人たちとは、住宅地の購入者、所有者、宅地上の建物の購入者、所有者、居住者等であり、2番目のグループは弁護士等の法律家集団であり、そして3番目のグループは、地盤にかかわる専門家集団である。

　それぞれのグループの人たちが、他の2つのグループの人たちと結び合うことの必要性、重要性を再確認させた契機は、2011年3月11日の東日本大震災時の住宅被害の甚大さに直面したときであった。中でも造成盛土地盤のすべり破壊に伴う建物の被害と、液状化による建物の被害が顕著であった。

　東日本大震災以前は、1番目のグループの土地の所有者等には、住宅地の地盤情報の重要性への認識や、情報提供を得る手段が欠けていたし、2番目のグループの弁護士等は、地盤の調査や試験法、建物の設計法との関連等の専門知識が十分でなかった。そして3番目のグループの地盤専門家等は、公共構造物や大型構造物建設に注力し、住宅地の小規模構造物の災害への脆弱性に十分目を向けてこなかった。このような状況は、いわば法律の専門家と、構造物設計や地盤調査にかかわる専門家との知識交流が欠如していたと同時に、それぞれの専門家が有する個々の専門知識・経験が一般の人たちの居住空間の安全性向上に貢献する社会システムが欠如していたといえよう。

　災害は社会システムの欠如の側面とのとらえ方からいえば、本書は、『役立つ!!地盤リスクの知識』(地盤工学会「役立つ!!地盤リスクの知識」編集委員会(委員長：稲垣秀輝)編、2013年)の続編ともいえる。本書は、議論をさらに進めて、不動産売買という商取引や地盤災害に起因する訴訟を念頭に、しばしば起こる疑問にＱ＆Ａ方式で丁寧にわかりやすく技術課題を解説している。

　個別の住宅地地盤災害にかかわる技術的、法律的課題の整理とともに、本書の後半では、県単位・地域単位というやや大きいスケールでの自然災害

1

脆弱性と安全性向上についても触れられている。生命や財産の安全性向上の個々人の努力と、地域の安全性向上の行政努力は、車の両輪である。本書は、上記の3つのグループの人たちに加えて行政関係者にとっても有益な情報源となることを信じている。

2017年4月

公益社団法人地盤工学会元会長
日下部　治

最高裁判所（稲垣秀輝撮影）

はしがき

　住宅地盤の専門家は、どこにいるのでしょうか。困ったときには誰に相談したらよいのでしょうか。法律家や消費者には、目に見えない地面の下のことがわかりにくいのです。

　2011年3月11日に起こった東日本大震災によって、たくさんの地盤災害が起こりました。その特徴は、公共的な建物より戸建て住宅の地盤の被災が多いことです。特に、耐震化が進んだ住宅でも動かないはずの地盤が動いて被災しました。被災した地盤は、造成地での谷埋め盛土や腹付け盛土の地すべりと埋立地での液状化です。これらの地盤が動くことに関する地盤リスクは、公共的建物では検討されていましたが、戸建て住宅では考えてこなかったのです。これらの被災住宅では、さまざまな裁判が起こっています。そのほかにも、2014年の広島土砂災害のように土石流や崖崩れなどで、危険な土地に家を建て、被災する災害も急増しています。2016年の熊本地震では、安心していた土地が被災し、実は危険な場所であることがわかりました。現在でも津波や火山噴火などの災害を加えると、このような危険な宅地がたくさん残っていて、技術的な対応のほかに裁判や法的解釈を含めて、その地盤リスクをどのように回避していくかが大きな課題といえます。

　本書は住宅の地盤リスクを法律家や消費者が理解しやすいように書いたものです。近年問題となっている大規模マンションの地盤の問題は戸建て地盤より、公共的建物に近い地盤調査を行って建てられていますので、本書では大きくは取り扱いませんが、コラム等で少し触れています。

　自然災害のほかにも、人的な瑕疵が深く関与した地盤災害もたくさん起こっていますので、それを未然に防いだり、どのように裁判で対応するか、本書を参考にしていただければ幸いです。

2017年4月

　　公益社団法人地盤工学会関東支部
　　地盤リスクと法・訴訟等の社会システムに関する事例研究委員会委員長

　　　　　　　　　　　　　　　稲　垣　秀　輝

執筆者一覧

地盤工学会関東支部地盤リスクと法・訴訟等の社会システムに関する事例研究委員会
『法律家・消費者のための住宅地盤Q&A』編集ワーキンググループ

執筆者一覧

［ワーキング長］

渡 邉 康 司（㈱大林組）

　　　第2編Q4、5、11、12、13、21、39、40、コラム7、宅地情報シート

［執筆者］

稲 垣 秀 輝（㈱環境地質）

　　　第1編、第2編Q1、7、8、37、38、41、42、コラム5、6

伊 藤 和 也（東京都市大学）

　　　第1編、第2編Q49、50

大 里 重 人（㈱土質リサーチ）

　　　第2編Q10、44、45、46、47

金 田 一 広（㈱竹中工務店）

　　　第2編Q33、34、35、コラム8、宅地情報シート

伊 奈　　潔（中央建鉄㈱）

　　　第2編Q19、20、29、36

喜 内 敏 夫（芙蓉地質㈱）

　　　第2編Q2、15、16、17、18

金 子 俊 一 朗（パシフィックコンサルタンツ㈱）

　　　第2編Q9、43

中 村 裕 昭（前地盤品質判定士協議会事務局長）

　　　第2編Q6、14、22、23、24、25、26、27、28、31、32、48、宅地情報シート

中 山 健 二（川崎地質㈱）

　　　第2編Q3、30

菊 本　　統（横浜国立大学）

　　　第2編Q49、50

大 串　　豊（M&Kコンサルタンツ㈱）

　　　第2編コラム3、宅地情報シート

金 田 朋 之（日本物理探鑛㈱）

　　　第2編コラム4

小 嶋 茂 人（㈱ファーストフロア）

　　　第2編コラム2

中 川 寛 子（㈱東京情報堂）

　　　第1編コラム1

目　次

『法律家・消費者のための住宅地盤Ｑ＆Ａ』

目　次

第1編【総論】　日本の地盤の特徴と戸建て住宅における地盤評価の現状と課題

Ⅰ　はじめに……………………………………………………………………… 2

Ⅱ　地盤に関する法制度と裁判…………………………………………… 3

Ⅲ　地盤品質判定士………………………………………………………… 5

Ⅳ　自然災害による地盤事故……………………………………………… 6

　1　東日本大震災による液状化地盤…………………………………… 6

　　［写真1］　戸建て宅地の液状化被害　／6

　　〈図1〉　戸建て宅地に被害を及ぼす代表的な4つの地盤変状現象　／7

　2　谷埋め盛土のすべり被害…………………………………………… 8

　　［写真2］　戸建て宅地の活断層被害　／8

　　［写真3］　戸建て宅地の崖崩れ被害　／9

　3　裁判の対象となった事例 ………………………………………… 10

　　［写真4］　戸建て宅地の盛土地すべり被害　／10

　⑴　地震時の住宅地盤の変状訴訟事例 ……………………………… 11

　⑵　軟弱地盤の宅地の不同沈下の訴訟事例 ………………………… 12

Ⅴ　残された課題 …………………………………………………………… 12

　●コラム1　消費者目線でみた地盤技術者のための宅地情報の伝え方　／13

第2編【各論】　地盤と基礎のＱ＆Ａ

第1章　地盤と基礎共通………………………………………………… 18

5

目　次

Q1　「よい地盤」と「悪い地盤」を区別するために、客観的かつ全国のどの地盤にも共通して使える物差し（判断基準）はありますか？ ……………………………………………………………… 18

Q2　スウェーデン式サウンディング（SWS）試験のような原位置における地盤調査は、どのような目的で実施するものでしょうか？ ……………………………………………………………… 20

〈図2〉　主な原位置試験の種類 ／ 21

Q3　スウェーデン式サウンディング（SWS）試験以外に、廉価に戸建て住宅用の地盤の安全性を知るための試験機や試験方法はありませんか？ ……………………………………………… 22

〔表1〕　サウンディング方法の特徴および適用地盤 ／ 23

〈図3〉　簡易動的コーン貫入試験機 ／ 25

〈図4〉　簡易動的コーン貫入試験とSWS試験の相関 ／ 25

Q4　軟らかい地層と硬い地層が深さ方向に混在している場合に層状地盤の支持力の検討を行いますが、その際に注意する点はありますか？ ………………………………………………… 26

〈図5〉　基礎幅と地中応力の影響範囲 ／ 28

〈図6〉　層状地盤の支持力 ／ 28

Q5　計算式に入力する地盤定数を平均で求めてもよいのでしょうか？　たとえば、スウェーデン式サウンディング（SWS）試験で得た深度GL－1m〜－2m間の25cmごとのN_{sw}が、1回、2回、15回、2回だった場合、（1＋2＋15＋2）÷4＝5回のように値を単純に「平均」して地盤定数を判断・評価してよいのでしょうか？ ………………………………………………… 29

Q6　地盤について、「N値」、「地耐力」、「支持力」、「沈下（変形）」などという言葉に接しますが、これらはどのような関係があり、どのように使い分けるのでしょうか？ ………………… 31

6

〈図7〉　許容地耐力説明図①　／*32*

〈図8〉　応力〜ひずみ関係図における破壊強さから求める許容応
　　　力度と許容ひずみから求める許容応力度の概念図　／*34*

〈図9〉　許容地耐力説明図②　／*34*

Q7　戸建て住宅の建築の際、「Ｎ値が〇以上あるから大丈夫」など
　　という説明に接することがありますが、地盤について素人であ
　　る消費者は、何を基準に地盤の安全性を理解したらよいでしょ
　　うか？ ……………………………………………………………… *36*

　　●コラム2　一生の買い物　／*38*

第2章　土地選び…………………………………………………… *40*

Q8　丘陵地を切盛り造成された分譲地のうち、南端の崖上の敷地
　　が見晴らし・展望がよいので大変気に入りました。何か注意す
　　べき点はありますか？ ………………………………………… *40*

Q9　盛土がなされた造成地であることがわかっている場合に注意
　　する点はどのようなことでしょうか？ ……………………… *42*

Q10　購入を検討しているマンションは、自治体が発行している液
　　　状化マップによると液状化危険度大の地域に区分されていま
　　　が、重要事項説明では、中規模地震で液状化するが、建物は杭
　　　で支持されているので大丈夫、との説明を受けました。何か注
　　　意すべき点はありますか？ …………………………………… *44*

　　〈図10〉　液状化に伴う地盤側方流動のイメージ図　／*45*
　　●コラム3　宅地にかかわる保険　／*46*

第3章　スウェーデン式サウンディング（SWS）試験 ………… *48*

Q11　戸建て住宅を建築する際に、スウェーデン式サウンディング
　　　（SWS）試験という地盤調査の方法が用いられていますが、そ

目　次

の長所、短所を教えてください。　……………………… *48*

Q12　スウェーデン式サウンディング（SWS）試験で250Nでの自
沈層がある地盤の場合にはどのような評価をすればよろしいで
しょうか？　…………………………………………………… *50*

Q13　住宅地盤の評価をするには、スウェーデン式サウンディン
グ（SWS）試験は深さ5mまで実施すればよいのでしょうか？
たとえば、測点を2カ所に限定したり、5mまでしか計測しな
かったり、法面より遠い地点を測点にするなど、いろんな計
測に出会いますが、どれが正しい調査方法なのでしょうか？
SWS試験を行う際の測点数、計測の深さ、測点の位置につい
て教えてください。　………………………………………… *51*

Q14　スウェーデン式サウンディング（SWS）試験は、「医者の聴診
器」であるといわれることがありますが、この意味を教えてく
ださい。　……………………………………………………… *53*

Q15　スウェーデン式サウンディング（SWS）試験の測定機には、
手動式、半自動式、全自動式があると聞きましたが、それぞれ
の長所、短所、留意すべき点を教えてください。　………… *55*

　　〔表2〕　測定機の種類　／*56*

　●コラム4　宅地を調べる物理探査法　／*58*

Q16　Wsw、Nswとはどのような概念でしょうか？　また、この
数値によって何がわかるのでしょうか？　………………… *61*

Q17　スウェーデン式サウンディング（SWS）試験では250N→500
N→750N→1kNと荷重を加えていく仕組みになっています
が、たとえば、750Nの荷重を加えてもロッドは沈下しなかっ
た地盤で、1kNの荷重を加えたときにロッドが沈み始めたと
いう場合、「1kNで自沈する地盤」と評価するのか、「750Nで
自沈する地盤」と評価するのか、いずれなのでしょうか？　……… *64*

8

目 次

Q18 事業者側の営業社員が、販売する土地の地盤を自分で測定する事例がみられますが、スウェーデン式サウンディング（SWS）試験を行うには、地盤調査に関する特別の資格や技能が必要になるのではないかと思います。素人でもできる測定方法なのでしょうか？ ……………………………………………… *66*

●コラム5 マンションの地盤の安全性とは ／*68*

第4章 基礎（告示第1347号） ……………………………………… *70*

Q19 平成12年建設省告示第1347号第1は、基礎の構造と地盤の長期に生じる力に対する許容応力度との関係を次のとおり規定していますが、「長期許容度応力度が20kN/㎡未満」とは、スウェーデン式サウンディング（SWS）試験によって得られたデータの平均値をいうのでしょうか？ それとも1カ所でも「20kN/㎡未満」となる箇所があれば「20kN/㎡未満」と評価することになるのでしょうか？

① 長期許容応力度が20kN/㎡未満の場合は基礎杭を用いた構造

② 長期許容応力度が20kN〜30kN/㎡未満の場合は基礎杭またはべた基礎

③ 長期許容応力度が30kN/㎡以上の場合は基礎杭、べた基礎、布基礎

……………………………………………………………… *70*

〈図11〉 SWS試験と標準貫入試験による地盤調査 ／*72*

〈図12〉 SWS試験と標準貫入試験による地層想定断面図 ／*73*

Q20 スウェーデン式サウンディング（SWS）試験の結果、「長期許容応力度が19kN/㎡だったので告示に従い杭基礎を選択した」とか、「長期許容応力度が21kN/㎡だったので告示どおりべた基

9

礎を選択した」などと判断をする業者もいますが、これは正しい判断でしょうか？ ……………………………………………… *74*

〈図13〉 N値とWsw、Nswとの関係 ／ *76*

〈図14〉 quとWsw、Nswとの関係 ／ *77*

Q21 支持層の深度は土地ごとに決まっていて、基礎の形式や建物の規模によって変わらないものなのでしょうか？ ………………… *78*

●コラム6　2016年熊本地震での宅地被害 ／ *79*

第5章　地盤の長期許容応力度の算定（告示第1113号） ………… *81*

Q22 平成13年7月2日付け国土交通省告示第1113号（以下、「告示第1113号」といいます）第1に、地盤調査の方法があげられていますが、どのようなものか、わかりやすく説明してください。 ……………………………………………………………… *81*

〔表3〕　告示第1113号第1の内容 ／ *81*

〔表4〕　地盤調査方法とその概要 ／ *82*

〔表5〕　告示第1113号第2の内容 ／ *83*

〔表6〕　告示第1113号第2(1)式を用いた告示第1113号に準拠した方法 ／ *84*

〔表7〕　告示第1113号第2(2)式を用いた告示第1113号に準拠した方法 ／ *85*

〔表8〕　告示第1113号第2(3)式を用いた告示第1113号に準拠した方法 ／ *85*

Q23 平成13年国土交通省告示第1113号第2では地盤調査の結果に基づき地盤の長期許容応力度を求める方法として3つの式〔(1)式、(2)式、(3)式〕を定めていますが、なぜ、3つの式が必要なのでしょうか？　それぞれの式にどのような特徴があるのでしょうか？ ……………………………………………………………… *86*

目 次

Q24 スウェーデン式サウンディング（SWS）試験で得られたデータを用いて平成13年国土交通省告示第1113号第2(1)式にあてはめて地盤の長期許容応力度を求めることはできるのでしょうか？ 同(1)式は地盤調査方法としてSWS試験を想定しているのでしょうか？ ……………………………………………… *88*

Q25 平成13年国土交通省告示第1113号第2(3)式に示されたスウェーデン式サウンディング（SWS）試験結果から地盤の長期許容応力度を求める式によれば、30kN/㎡以上の地盤しか評価できないようになっています。30kN/㎡以下の地盤はどのように評価すればよいのでしょうか？ ……………………………… *89*

〔表9〕 告示第1113号に準拠した方法の範囲内で地盤の長期許容応力度を求めるための式（第2）と調査方法（第1）の組合せ ／*90*

Q26 平成13年国土交通省告示第1113号の第2には、「基礎の底部から下方2m以内に荷重1kN以下で自沈する層が存在する場合、もしくは基礎の底部から下方2mを超え5m以内に荷重500N以下で自沈する層が存在する場合は、建築物または建築物の部分に有害な損傷、変形および沈下が生じないことを確かめなければならない」と規定しています。これを「確かめる」方法とは、どのようなものがありますか？ また、5m以深に自沈層がある場合、有害な損傷、変形および沈下が生じないことを確かめる必要はないのでしょうか？ …………………………… *91*

Q27 スウェーデン式サウンディング（SWS）試験結果から粘着力cや内部摩擦角φを推定して、その値を用いて平成13年国土交通省告示第1113号第2(1)式「テルツァーギの修正支持力式」で地盤の長期許容応力度を求めてもよいでしょうか？ …………… *93*

Q28 盛土地盤の長期許容応力度を求める際、砂や粘土の相関から

11

目　次

導かれた式を用いてもよいのでしょうか？ ……………………… 94

〈図15〉　Wsw～N と Nsw～N の概略の相関関係　／96

〈図16〉　Wsw～qu と Nsw～qu の概略の相関関係　／96

●コラム7　単位の変遷　／97

第6章　その他 ……………………………………………………… 99

Q29　少し専門的な質問になってしまいますが、日本建築学会の「小規模建築物基礎設計指針」では、許容沈下量が即時沈下では最大4cm（布基礎）、6～8cm（べた基礎）、圧密沈下では最大値20cmとされています。どのような理由でこれらの沈下量が定められたのでしょうか？ ……………………………………… 99

〔表10〕　許容沈下量（総沈下量）の参考値（cm）　／100

〈図17〉　各種沈下量の説明　／100

〔表11〕　許容沈下量（不同沈下量）の参考値（cm）　／101

Q30　スウェーデン式サウンディング（SWS）試験の際、地中障害物などで途中までしか地盤調査ができなかった場合にはどのような処置が必要でしょうか？ ………………………………… 103

〈図18〉　SWS試験時に障害物に遭遇した場合の処置方法　／104

Q31　丘陵地に開発された宅地分譲のための大規模造成地の土地を購入して、住居を新築予定です。建物が切土部と盛土部とにまたがって建築されるようですが、建築予定範囲の4隅と真ん中の5カ所でスウェーデン式サウンディング試験を実施したところ、いずれも30kN/m²を上回る許容応力度が得られたので、基礎形式は布基礎で計画していると工務店の担当者から聞きました。問題ないでしょうか？ ……………………………… 105

〔表12〕　異種基礎併用の例　／107

〈図19〉　異種基礎併用の例　／107

12

目 次

Q32 技術的な質問となりますが、スウェーデン式サウンディング
（SWS）試験結果から得られる換算Ｎ値の信頼度と有効数字は
どの程度か、専門的に教えてもらえませんか？ ……………… *108*

〔表13〕 Ｎ値と砂の相対密度の関係 ／ *110*

〔表14〕 Ｎ値と粘土のコンシステンシー、一軸圧縮強さの関係 ／ *111*

Q33 地盤の液状化の検討で用いられる中規模地震動としての
200galの意味は何ですか？ ………………………………… *113*

Q34 少し難しい質問ですが、中規模地震としての200galを考慮し
て設計した場合、大規模地震に際しては、地盤の液状化の発生
を抑えられないのでしょうか？ ………………………………… *115*

●コラム8　旧耐震と新耐震 ／ *117*

Q35 べた基礎は液状化対策になるのでしょうか？ ………………… *118*

〈図20〉 杭基礎と直接基礎 ／ *118*

Q36 不同沈下の中で、一体沈下と変形沈下の違いとは何ですか？
………………………………………………………………… *120*

〈図21〉 建物の沈下形状 ／ *120*

〔表15〕 傾斜角Φと使用上機能上の障害程度 ／ *121*

〔表16〕 変形角θと損傷程度の関係 ／ *122*

〈図22〉 沈下傾斜状況俯瞰図 ／ *123*

〈図23〉 沈下傾斜状況の整理 ／ *123*

〔表17〕 沈下傾斜状況の評価 ／ *123*

Q37 地盤の専門家とはどのような方を指すのでしょうか？ ……… *125*

Q38 地盤の専門家はどのような組織にいるのでしょうか？ ……… *126*

Q39 地盤改良の必要な地盤はどのような地盤で、どのように設計
するのでしょうか？ …………………………………………… *128*

Q40 小口径杭の必要な地盤はどのような地盤で、どのように設計
するのでしょうか？ …………………………………………… *130*

13

目　次

Q41　宅地造成地での切土と盛土の見分け方はどうするのでしょうか？ ……………………………………………………… *132*

〔表18〕　危険な盛土の見分け方　／ *132*

［写真5］　谷埋め盛土の切盛境界でのブロック擁壁のクラック　／ *133*

Q42　地盤と基礎にかかわる主な基準や解説書はどのように変わってきましたか？ ……………………………… *134*

〔表19〕　法令の立法のきっかけと推移　／ *135*

Q43　谷埋め盛土と腹付け盛土の違いは何でしょうか？ …………… *137*

〈図24〉　谷埋め盛土のイメージ　／ *137*

〈図25〉　腹付け盛土のイメージ　／ *137*

Q44　斜面地・がけ地・法地・法面の違いは何ですか？ ………… *138*

Q45　「設置義務擁壁」とは何ですか？ …………………………… *139*

〔表20〕　切土のり面の勾配（擁壁の設置を要しない場合）　／ *139*

〔表21〕　土質別角度（θ）　／ *140*

Q46　「設置義務擁壁」として認められる擁壁は、どのような擁壁が、安全（適格）な擁壁と認められるのでしょうか？ ……………… *141*

〈図26〉　コンクリート擁壁の例　／ *141*

〈図27〉　間知石積み擁壁の例　／ *141*

〔表22〕　擁壁の分類　／ *142*

Q47　購入しようとしている宅地には、すでに擁壁が設置されています（既存擁壁があります）が、購入時に注意することはありますか？ ……………………………………………………… *143*

Q48　地盤のせん断強度の求め方について、各種マニュアル等では、粘土地盤と砂地盤に大別して、粘土地盤であればφ＝0と仮定して、c＝q_u／2を使って、砂地盤であればc＝0と仮定してφを用いて計算するように書かれています。

盛土等の人工地盤や造成地盤のせん断強度を求める場合にお

14

いても、その構成材料を、粘土か砂かに大別して、上記の手順
で計算すればよいのでしょうか？

　　[注] φ：摩擦角、c：粘着力、q_u：一軸圧縮強さ

　　　　　　　　　　　　　　　　　　　　　　　　　　　145

Q49　日本は毎年のように地震や洪水といった自然災害に見舞わ
れ、各地で多数の被害が発生しています。今後、どのように対
処していくべきでしょうか？　　　　　　　　　　　　147

　　〈図28〉　WRI2014年版での脆弱性と曝露量の関係　／148

　　〈図29〉　自然災害に対するリスク指標GNS〔2015年版〕　／149

　　〈図30〉　GNS2015年版の結果　／149

Q50　GNSのように自然災害に対するリスクを数値化することで
どのような効用が得られるのでしょうか？　また、どの程度信
じてよいのでしょうか？　　　　　　　　　　　　　　150

　　〈図31〉　東京都と大阪府の脆弱性指数の各項目別の違い　／151

　　〈図32〉　東海三県でのGNSリスク指標の結果　／152

第3編【資料編】

[資料1]　宅地情報シート（戸建て住宅用）　　　　　　　154

[資料2]　地盤と基礎にかかわる主な解説書の改編　　　　156

[資料3]　昭和46年建設省告示第111号（抄）　　　　　　160

[資料4]　平成12年5月23日建設省告示第1347号（抄）　　161

[資料5]　平成13年7月2日国土交通省告示第1113号（抄）　　161

[資料6]　地盤に関する用語解説　　　　　　　　　　　　163

あとがき　　　　　　　　　　　　　　　　　　　　　169

第1編【総論】

日本の地盤の特徴と戸建て住宅における地盤評価の現状と課題

第1編【総論】 日本の地盤の特徴と戸建て住宅における地盤評価の現状と課題

総論

Ⅰ　はじめに

　戸建て住宅は、多くの消費者にとって一生に1度の大きな、そして大事な買い物です。そして、その建物は、安全で不動な地盤に建っていることが当たり前で、消費者には地盤に対する関心はほとんどありませんでした。でも、それでよいのでしょうか。本書の読者対象は、自分の住んでいる場所やこれから購入する土地にどのような地盤の事故原因が潜んでいて、それを除去することが可能か、地盤の事故が発生した場合には誰の責任かを知りたい一般の消費者の方と、それを手助けする、地盤の事故原因がどこにあってどのような点を注意しなければいけないのかを知りたい法律家の方々です。

　「地盤」という言葉は、土木技術者にとって当たり前の言葉ですが、消費者や法律家にとってはわかりにくい専門用語でした。しかし、この言葉も最近の頻発する自然災害の中で、市民権を得たようです。海溝型地震に伴う東日本大震災の際、首都圏で起こった埋立地の液状化問題や、仙台市や福島市の造成地での谷埋め盛土のすべりは、地盤災害とは無縁だと思っていた都市域の法律家や消費者にとって、地盤のリスクが身近なものになったように思います。

　また、2014年広島県で発生した豪雨災害のように都市のスプロール現象によって丘陵地に拡大した住宅地が多くの被害を受けています。このような丘陵地では、土石流や斜面崩壊が発生する可能性があるなど地盤災害の蓋然性が高い土地に家を建てたことによって被災しています。2011年1月には新燃岳の噴火による降灰被害、2011年8月には斜面崩壊（深層崩壊）による河道閉そくを引き起した紀伊半島豪雨（平成23年台風第12号）による被害、2015年9月には鬼怒川洪水被害等、近年でも多くの自然災害が発生しています。さらに最近では、直下型熊本地震による被害や大規模マンションの杭の支持地盤への未達や地中梁切断による不同沈下問題など、技術的な対応のほかに裁判や法的解釈を含めて、どのように住宅の地盤にかかわるリスクから回避

2

していくかが大きな課題といえます。

　私たちが住んでいる日本は地形や地理的位置から気候変化に富み、降雨量が多い国であることが知られています。さらに、世界有数の地震国で、火山国でもあり、気象や地質、地形などの自然条件からみて災害が発生しやすい国といえます。しかも、国勢調査によると、可住地という人が住める場所は国土の30%程度しかありません。この可住地のうち標高0m〜100mの範囲に人口の80%程度にあたる約1億人が住んでいるのです。当然、狭い範囲にこれだけの人々が住んでいるのですから、そこで生活するためには自然との共存、地盤にかかわるリスクの選択・考慮は必然であるといえるでしょう。

　地盤評価は何らかの地質調査を行ったうえで行われ、その評価に従って建物の基礎の選定や場合によっては地盤改良が実施されます。当然のことながらこれらのことは、社会・経済システムの中で実施されます。その意味で、地盤リスク、地盤リスクマネジメントは社会・経済システムの視点からも検討されなければなりません。まず、社会・経済システムの中で特に重要な役割を果たしている法体系を取り上げて消費者の視点から解説します。

II　地盤に関する法制度と裁判

　わが国の地盤工学に関する法制度については、関係省庁ごとにつくられたものが多く、体系的な形で説明することは困難な現状です。たとえば、河川法は元々洪水などによる災害発生防止の法律です。したがって、消費者は生活の中で関連する法制度を必要に応じて紐解いて使っているのが実情です。そして、自分の生活の中で地盤にかかわる事故（以下、「地盤事故」といいます）で裁判にまで進展した際に、地盤工学に関する法を体系的に理解することは、地盤事故が増え続けている現在にあって生活するうえでも重要となってきています。

　法を法制度と裁判に分けて考えると法に不案内な消費者にも理解しやすいでしょう。法制度は、大きな地盤災害・事故をきっかけに制定されたものが

第1編【総論】 日本の地盤の特徴と戸建て住宅における地盤評価の現状と課題

多く、たとえば1957年の集中豪雨による地すべり災害を契機に地すべり等防止法が1958年に制定され、1978年宮城県沖地震を契機に1981年建築基準法の改正（新耐震設計法施行）が行われました。つまり、法制度の整備は、今後発生するであろう地盤事故を軽減するという予防の考え方を示しています。

　一方、裁判は実際に地盤事故が発生したときの法的な解決手段で、個別案件ごとに多様な法制度がかかわってきます。したがって、地盤事故にかかわる裁判事例は、消費者にとって大変参考になる場合が多く、地盤事故をあぶり出すためにもよい方法でしょう。

　地盤の事故、たとえば地盤の崩壊や不同沈下といった地盤の異変は、生命・身体や財産に重大な被害をもたらします。災害を未然に防止する方法として、その原因行為を許認可した処分の取消しを求める訴訟、原因行為の禁止を求める訴訟などがあります。一方、地盤事故や災害が発生してしまった場合にはその損害賠償を求める訴訟などがあります。

　まず、何が原因行為かあるいは自然現象か、どのようなメカニズムで地盤の異変が生じ、損害が発生したかという因果関係が問題となります。ここでは地盤の専門的知見が不可欠です。そこで重要となるのは、地盤技術者と法律家との「チームワーク」による調査分析です。たとえば、大雨を契機として道路側溝の亀裂から漏水し、斜面の地盤崩壊を招いたかどうかを調査する場合でも、漏水の科学的な解明というよりは、災害時の状況を前提とした事実に基づく漏水の解明が焦点となります。そのような調査目的や方法を確立したうえでの調査が求められます。

　次に、損害発生について誰に責任があるかという点では、調査や基礎選定あるいは工事方法が適切かについての客観的・合理的な技術基準のチェックも不可欠です。たとえば、宅地擁壁工事がされた斜面地で崖崩れによる生き埋め事故が発生した場合では、擁壁工事が斜面地の地質・形状・崩壊歴などを踏まえて適切であったかが問題となります。その場合、法令やマニュアルで直接該当するものがない場合もありますので、そのような場合には道路建

4

設の技術指針、日本道路協会の編纂による「のり面工・斜面安定工指針」といった指針類も合理的な基準となり得ます。このような客観的基準に適合しない擁壁工事が施工されているときは、工作物に瑕疵があるとか、注意義務違反であるといったことが認定されやすいでしょう。

　なお、工事禁止仮処分手続で将来の災害危険を認定することは、将来予測であり、専門的知見が対立することが多いので、裁判所も消極的になりがちです。ただ、手続の中で、より安全な基礎工法が追加されたりすることも少なくないので、災害防止や安全安心な生活の視点に立てば、仮処分手続は相応の意義があると思われます。

III　地盤品質判定士

　後記IV以降、住宅地盤に関して、自然災害を含めて地盤事故を知らなくて失敗してしまったいくつかの事例を示しながら、地盤の重要性について示していきます。地盤リスクを知らなくて失敗した例は、自然災害にとどまらず、人為的な地盤の事故については地盤の状態を正確に把握しなかったことが影響しています。

　実は、地盤技術者に与えられる国家資格や民間資格は数多くありますが、その技術力が戸建て住宅や小規模宅地までは届いていなかったこと、従来の各種の資格では機能できていなかったことが、戸建て宅地の地盤事故が絶えない原因でもありました。これは、地盤技術者だけの責任ではなく、法律家とのネットワークがなかったことにも責任があります。つまり、地盤技術者は従来よりも広い技術範囲をカバーする必要があったのです。公益社団法人地盤工学会では、地盤関係の従来の資格を横断的にカバーするものとして、一般社団法人全国地質調査業協会連合会ほかとともに「地盤品質判定士」の資格試験制度を立ち上げました。

　この地盤品質判定士には、消費者や法律家に対して、あるいは住宅メーカーや不動産会社の担当者に、地盤の品質を説明する役割が期待されています。

その前提として、適切な地盤調査の実施を図り、安全性が不足する宅地では地盤改良などの対策を提案して、住宅地盤が十分な品質を有していることを確認することが求められます。消費者が希望する地盤の品質がどの程度か、それに必要な予算はどの程度かなどの相談に乗ることも大切な役割です。地盤品質判定士が、あたかも「住宅地盤のホームドクター」になって、住環境面での安全・安心を実現することが望まれています。

Ⅳ　自然災害による地盤事故

1　東日本大震災による液状化地盤

　2011年3月11日、今までの想定を超えるM9.0を観測した巨大地震である東北地方太平洋沖地震が発生しました。その後の津波災害や大規模な余震被害を含めて東日本大震災と呼ばれる大きな災害が発生しました。このとき、首都圏の沿岸部や内陸の旧河川や沼地では地盤の液状化によって、広範囲の宅地が甚大な損害を被りました。（[写真1]参照）。特に、高級な住宅地が多かっ

［写真1］　戸建て宅地の液状化被害

Ⅳ 自然災害による地盤事故

た千葉県浦安地区では、消費者はこの予期しない現象にとまどいつつも、その修復に全力で立ち向かいました。たとえば、市などからの援助、町内での協議会の立上げ、そして宅地開発業者への民事訴訟などです。しかし、地盤が液状化しやすいとわかっていて液状化対策を行っていたところもあるのですが、元々この土地が埋立地で、液状化しやすいということを知らなかった、あるいは知らさされなかったのは大きな問題です。しかも、震災前には大変高価な土地の値段は、その後土地の取引さえも滞る状態でありました。

どうして、こんなことになったのでしょう。千葉県の湾岸地域では、1987年の千葉県東方沖地震で、液状化被害が発生しています。今回はそれらの地域での「再液状化」といえます。再液状化現象については、東日本大震災前までは賛否両論がありましたが、少なくともこれらの地域が液状化の被害を受けやすいことは地盤技術者の間ではある程度知られたことだったのです。地盤技術者から消費者の方々への広報努力が欠けていた部分は否めませんが、地価が下落するようなネガティブな情報についても、事が起きる前に消費者の方々が知ることができれば何らかの対策ができたのかもしれません。

現在の新しい住宅やマンションは、地震の揺れに対する耐震設計が進んでいて、まず全壊することはありません。怖いのは、動かないものとして設計されている地盤自体が動き出す現象で、これらの宅地が地震時に揺れ以外で被害を受ける現象として、①液状化、②谷埋め盛土のすべり、③活断層、④崖崩れの4つがあげられます（〈図1〉参照）。

①液状化　　②谷埋め盛土のすべり　　③活断層のズレ　　④崖崩れ

出典：地盤工学会役立つ!!地盤リスクの知識編集委員会編『役立つ!!地盤リスクの知識』192頁（2013年）

〈図1〉　戸建て宅地に被害を及ぼす代表的な4つの地盤変状現象

第1編【総論】 日本の地盤の特徴と戸建て住宅における地盤評価の現状と課題

　ここで紹介した液状化はもちろんのこと、後記2で説明する谷埋め盛土のすべりなども危険です。また、［写真2］は、2016年4月16日の熊本地震で出現した熊本県南阿蘇村の活断層である布田川断層のズレによって変形した住宅アパートです。さらに、［写真3］は、東日本大震災の際に発生した崖崩れによって全壊した栃木県の住宅です。これらの現象についても、法律家はもちろんのこと消費者の方々も地盤リスクを知って、対処する必要があります。

2　谷埋め盛土のすべり被害

　地震による造成地での盛土の地すべりが初めて確認されたのは、1978年に発生した宮城県沖地震で被害を受けた仙台市太白区緑ケ丘などの造成団地でした。その後、多くの地震でこれらの谷埋め盛土の地すべり現象が注目さ

［写真2］　戸建て宅地の活断層被害

れるようになりました。特に、1995年に発生した兵庫県南部地震（阪神・淡路大震災）では、六甲山山麓の造成団地内の盛土の地すべりが激しく、仁川地区をはじめとする各地で多くの死者を出しました。

　2004年の新潟県中越地震では、新潟県長岡市の高町団地が被災しました。また、2007年の新潟県中越沖地震で被災した刈羽村稲葉地区では、2004年の新潟県中越地震で被災し、のちに新築した住宅が、暗渠工などの地下水位低下工法による対策を行っていたため、その後の地震で全く被害がなかった事例があります。さらに、新潟県柏崎市の山本団地も被災しました。このとき再建策として、全国で初めて大規模盛土造成地滑動崩落防止事業が適用されました。対策は暗渠工による地下水位低下工法でした。そして、東北地方

［写真3］　戸建て宅地の崖崩れ被害
出典：地盤工学会役立つ!!地盤リスクの知識編集委員会編『役立つ!!地盤リスクの知識』192頁（2013年）

太平洋沖地震では、1978年に被害を受けた仙台市太白区緑ケ丘などで再び谷埋め盛土の地すべりが発生したほか、宮城県白石市寿山や福島県福島市あさひ台（[写真4]）などでも同様の被害が見られました。

これらの現象は、谷埋め盛土の近くで強い地震が発生した際、十分な対策をしていない場合に必ず起こる宅地の破壊現象としてとらえるべきでしょう。首都圏をはじめとするほかの都市でも今後対応を迫られる課題といえます。谷埋め盛土のすべりについては、消費者も知っておかなければならない、自分の住み家であり財産でもある宅地を失ってしまう怖い地盤リスクです。

3 裁判の対象となった事例

地盤事故が裁判にまで発展し、事業者側が敗訴した例をまとめてみました。これらの例は、やはり地盤のリスクをうまく処理できず、さらに和解交渉も

[写真4] 戸建て宅地の盛土地すべり被害

IV　自然災害による地盤事故

不調に終わり判決まで至ってしまった事例です。

(1)　地震時の住宅地盤の変状訴訟事例

　10年に1回程度震度5の地震が発生している地域ならば、それに耐えうる宅地でなければ瑕疵があるとされた事例を紹介します。本事例は少し古いですが、1978年6月12日の宮城県沖地震により、宅地に数カ所の亀裂と一部地盤沈下が発生し、居宅にも基礎地盤および壁面の亀裂、床面の沈下等の被害が生じました。被害を受けた住民が、造成主でかつ売主の仙台市を売主の瑕疵担保責任に基づいて建物修補費用および宅地の価格減少分の損害賠償を求めて提訴したものです。当該造成宅地は、1967年から1970年にかけて丘陵地に造成されたもので、地盤は切土地盤、盛土地盤、切盛境の3種類が存在しますが、外観上は同種地盤の宅地として販売されました。原告らは宅地が盛土地盤あるいは切盛境の地盤であるか知らないままに購入していました。

　第1審は、地盤技術者の見解等に基づき当該地域の震度が6程度であったとし、宅地は耐震性については経験的に予想された震度5には耐えうる強度を有しており、瑕疵はないとして瑕疵担保責任を否認し請求を棄却しました。しかし、これに対して控訴審では、売主の瑕疵担保責任を認め、損害賠償額については、瑕疵と相当因果関係のある額および今後必要となる特殊基礎工事費となりました。

　宅地の耐震性については、地盤や外力などのさまざまな条件が関係するため客観的基準を設けることは難しいのですが、瑕疵担保責任の請求期間は、民法や住宅の品質確保の促進等に関する法律に規定されているとおり、「事実を知った時から1年」であり、造成後の経過年には関係がありません。2011年3月11日に発生した東日本大震災でも盛土宅地が一部被災し、大きな社会問題となりました。ここでも、さまざまな地盤事故が、訴訟問題に発展しています。

第1編【総論】 日本の地盤の特徴と戸建て住宅における地盤評価の現状と課題

(2) 軟弱地盤の宅地の不同沈下の訴訟事例

　狭隘な国土の中でも平地が多い沖積層には、軟弱な粘性土や腐植土が分布するところがあります。このような土地は、昔は池や川や水田だったのですが、都市化の拡大によって戸建ての宅地に代わってきています。このような土地では、宅地の不同沈下に関係する裁判が多く起こってきました。そして、消費者の地盤に対する知識も増えて、宅地の不同沈下事故は、以前に比べれば少なくはなっていますが、現在も多く発生しています。

　このような地盤訴訟では、地盤調査を適正に行ったのか、調査結果をどのように検討して地盤の基礎形式や地盤改良の有無を決定したかが問われます。このため、地盤技術者と法律家が協力しながら個別の裁判に対処することが求められます。事故にあった消費者の皆さんも地盤に関する情報をどれだけ集めたか、残しておいたかが、裁判上重要となります。

V　残された課題

　最後に、戸建ての地盤調査や基礎の選定の方法について、戸建ての地盤調査に用いられるスウェーデン式サウンディング試験では、その手法や評価方法について問題点が残っており、今後の課題です。また、宅地の液状化についても公共事業に用いられる高価な調査方法や試験を行うことは少なく、戸建て地盤の液状化事故の防止についても課題が残っています。

　造成地の谷埋め盛土の地震時の地すべりについては、法整備は進みましたが、法令に基づいた調査は進んでいるものの、対策事業はこれからという状況です。基礎の施工にあたっても横浜市のマンションの杭の未達問題のように、適正な工事を行ったかの検査方法が重要になります。特に、液状化に対する基礎工事はさまざまな工法が提案されており、その有効性についての検討がなされているのが現状です。

　これらの地盤調査や基礎の選定方法についての詳細については第2編以降に述べることにします。

Ⅴ 残された課題

1 消費者目線でみた地盤技術者のための宅地情報の伝え方

(1) まずは否定されないための状況づくりを

東日本大震災の半年後から東京、名古屋を中心に地盤情報を伝えるセミナーが年に数回以上開催されてきましたが、その経験から、住民に宅地情報を伝えるにあたっては配慮すべき点があることがわかってきました。

最大のポイントは、一般の人にとっての地盤の良し悪しは商品の良し悪しと同じで、地盤が弱い、悪いという評価は土地の全否定につながると感じられてしまうことが多いという点です。そのため、特にその土地に長く住む人などは自分が住んでいる地域が否定された、貶められたと憤慨し、その後の話を聞こうとしなくなることがあります。そうなってしまうと、以降は何を伝えても聞いてもらえなくなり、正しい情報を伝えられなくなってしまいます。

そうした状態に陥らないためには、以下のような内容を事前に伝え、冷静かつ客観的に地盤というものを考えられるような状況をつくることが大事です。

　(A) 地震の被害は地震、地盤、建物の3つの要素から決まること

まず伝えるのは、地震の被害は地震、地盤、建物の3つの要素から決まること、そのうち、地震の予知ができない以上、それ以外の2点については知る必要があることです。予算が潤沢にあれば別ですが、地盤にあわせた建物を作ることが合理的かつ経済的でもあることを加えてもよいかもしれません（〈図〉参照）。

13

第1編【総論】 日本の地盤の特徴と戸建て住宅における地盤評価の現状と課題

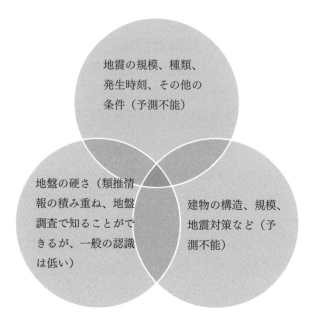

〈図〉 地震の被害を決める3要素

(B) 地盤が悪くてもそれをカバーできる技術が現在の日本にはあること

きちんと地盤を理解し、地盤の悪さをカバーする地盤改良、工法、建物、信頼のおける事業者を選べば、安全な住まいが手に入ることを説明します。

(C) そもそも、日本には安全な土地が少ないこと

日本の山がちな国土と雨や台風の多い気象条件を考えると、安全な土地は少なく、地盤が悪いところに住まないという選択はなかなかできるものではないことを説明します。

(D) 立地には必ずメリットとデメリットがあること

世の中のあらゆるものと同様に、立地にも必ずメリット、デメリットがあることを説明します。しばしば例としてあげるのは利便性と環境で

V 残された課題

総論

す。具体的には以下のとおりです。

「駅に近い便利な場所は往々にしてうるさく、交通量が多いことも。でも、静かで安全な場所をと考えると、周辺に店がないなど、利便性に欠ける可能性があります。どちらにもメリット、デメリットがあり、相容れないことがあるのです。」では、どちらを選ぶか。その人の価値観や生活などによって答えは異なるはずです。

(E) 住まい選びでは心情的な部分も大きいこと

地盤が悪い場所に住んでいる、選んでしまったことがわかっている人に対しては、住まい選びには防災的な観点のみならずさまざまな観点があること、また、心情的な部分や好き嫌いという観点も大事であることを伝えます。世の中には自分が失敗したと思うと、それから目をそらそう、見なかったことにしようと考えたり、否定に走る人が少なくありませんが、そうした態度に向かわせないためには相手の選択に共感しているという姿勢を見せることが大事です。

(2) 客観性を感じさせる伝え方を

続いて実際の情報の伝え方ですが、客観的で信頼できる情報であることが伝わるようにすることが大事だろうと考えています。そのため、セミナーでは公的な研究機関、学術機関などの情報を複数利用し、論理的な積み重ねのうえの結果であることを認識してもらうようにしています。

その際、特に注意しているのは以下の2点です。

(A) 地域の全体像から伝える

個人の空間認識は意外に狭く、自宅とその周辺程度であることが一般的なようです。それを逆手にとり、「関東平野は」「濃尾平野は」といったところから、少しずつズームアップするような説明をすると理解が得やすくなります。ピンポイントで良い悪いという話には反発する人も、大きなところから少しずつ絞り込んでいく、論理的で自然な流れには納

15

第1編【総論】 日本の地盤の特徴と戸建て住宅における地盤評価の現状と課題

総論

得せざるを得なくなるのでしょう。ただし、あまり話を広げすぎると冗漫になり、聞いてもらえなくなるので、加減が大事です。

(B) 地球と人間の時間の違いを指摘する

長年ある土地に住み続けてきた人の中には、「代々住み続けてきたが、今まで災害がなかった、だから安全だ」という主張をする人が少なくありません。一般的には100年程度で「ずっと」「昔から」といった言葉が出てくるようですが、その時間が地球的にみると実に短いものであることを理解してもらう必要があります。これについては、(A)の説明時に適宜、時代を付け加えて説明をすれば無理がありません。

また、多くの人は、現在目の前にあるものが昔から不変だったかのように思ってしまうことが多いようですが、そのあたりの指摘も大事なところです。旧版地図などから、過去の地形や改変の歴史などを説明することも大事でしょう。

ただ、ひとつ大事なのは論理的であることはよしとして、論理的なだけであることは反発を生む場合があります。論理的であり、かつ相手に共感していることを示しつつ説明する。そうした態度が必要です。

16

第２編【各論】

地盤と基礎のQ＆A

第2編【各論】 地盤と基礎のQ&A

Q1

第1章　地盤と基礎共通

Q1　「よい地盤」と「悪い地盤」を区別するために、客観的かつ全国の
どの地盤にも共通して使える物差し（判断基準）はありますか？

A 「よい地盤」とは硬くて変形しにくい地盤です。「悪い地盤」とは軟
らかくて変形しやすい地盤です。これらの地盤の良し悪しの基準は、
地質的なものや数値によるものがあります。「悪い地盤」の地質は、沖積層の
砂層・粘性土層・腐植土層と埋土・盛土があります。数値によるものとして
は、ボーリング調査の標準貫入試験によるN値で、砂層で5以下、粘性土層
と腐植土層で3以下を基準としています。また、スウェーデン式サウンディ
ング（SWS）試験の値としては$W_{sw}＝1kN$以下、$N_{sw}＝0$の自沈が最低限
の目安となります。

解説 地盤は、その場所場所で個性があり、なかなか一概にその
良し悪しを判断しづらいところがあります。しかし、地盤技
術者が一般的に考えている判断基準を示します。

1　地盤の地質名をみて判断する場合

地盤が軟らかく、変形しやすい地質名としては、沖積層があげられます。
沖積層は第四紀の中でも最終氷河期後の堆積物で軟らかいものです。

一般的に粘性土層は、N値が3以下となると圧密沈下しやすいものです。
特に、腐食土層は、N値が0以下となることが多く、沈下量が格段に大きく
なります。N値5以下の砂層で地下水が高い場合には液状化する可能性が高
くなります。埋土や盛土は人工的な地盤であり、適正な設計・施工がしてあ

18

第1章　地盤と基礎共通

れば問題はないのですが、適正な施工であることをどのように確認できるかの不安が残ります。また、古い埋土・盛土については管理基準が低く、現在では不適正なものになっていることも考えられます[1]。一方、洪積層は第四紀の中でも古い地層でよく締まっており、N値は大きくよい地盤といえます。

2　地盤調査の値から判断する場合

宅地の地盤調査としては、SWS試験が一般に行われます。このSWS試験は、荷重を載せて貫入量をみる試験（Wsw）と、荷重を載せてから先端（スクリューポイント）を回転させて貫入量をみる試験（Nsw）に分かれます。

そして、悪い地盤とは、荷重を載せただけで先端が沈下する「自沈」と呼ばれる計測結果（Nsw＝0）が得られる地層である「自沈層」と解釈してよいでしょう。地下2〜5mに「自沈層」がある場合には、地盤改良等の検討が必要と考えてください。

SWS試験では判断ができない場合には、ボーリング調査を行う場合があります。この場合には、標準貫入試験が行われるので、その試験結果としてN値が算出されます。このN値が地盤の良し悪しの基準となります[2]。

悪い地盤の目安は、砂層でN値が5以下、粘性土層・腐植土層でN値が3以下となります。

1　稲垣秀輝『もし大地震が来たら？──最新47都道府県危険度マップ』175頁（2012年）。
2　地盤工学会編『地盤調査の方法と解説』1259頁（2013年）。

第2編【各論】 地盤と基礎のQ&A

Q2

Q2 スウェーデン式サウンディング（SWS）試験のような原位置における地盤調査は、どのような目的で実施するものでしょうか？

地盤調査における原位置試験とは、調査地（実際の位置）の地表またはボーリング孔などを利用して地盤の性質を直接調べる試験の総称です。原位置試験は、原位置での土の物理的性質、強度・変形特性、透水性などを求めることを目的として実施されます。SWS試験は、静的貫入試験の1つで、土の硬軟や締まり具合の判定、軟弱地盤の層厚確認などを目的として行われます。ただし、通常のSWS試験方法では土のサンプリングや地下水の正確な計測はできません。

解　説　地盤調査では、地図や文献などからの地形・地歴判読や、現場で採取した土を持ち帰って室内で試験も行うことがありますが、原位置試験は調査を行いたい実際の場所（原位置）において試験を行うことにより、土被りや地下水等の実際の条件を反映した地盤情報を得ることができます。

　地盤は同じ敷地内でもその性質が大きく違うこともあります。地盤の状態を適切に把握するためには、原位置試験を行うことが推奨されます。

　ただし、原位置試験には適応範囲（対象土質、試験深度など）に制約がある場合には、専門家に相談するなどして適切な試験方法を選択する必要があります。

20

第1章 地盤と基礎共通

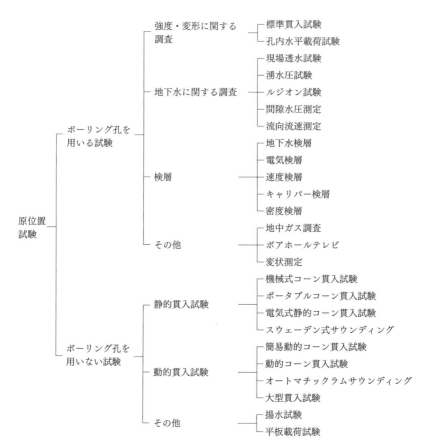

〈図2〉 主な原位置試験の種類

第２編【各論】 地盤と基礎のQ&A

Q3

> Q3　スウェーデン式サウンディング（SWS）試験以外に、廉価に戸建
> て住宅用の地盤の安全性を知るための試験機や試験方法はありませ
> んか？

A 簡易な調査はいくつかありますが、試験機が軽量で効率的な作業が可能となるポータブルコーン貫入試験や簡易動的コーン貫入試験などがあります。ただし、試験機が軽量であるため狭小道や急斜面でも試験が可能ですが、反面、軽量であるがゆえ、適用地盤はSWS地盤より浅く、軟らかいものだけになります。

解説　戸建て住宅用の地盤の安全性を調べる方法としては、一般的にはボーリング調査やSWS試験が行われています。しかし、ボーリング調査は大きくて重いマシン等の設備を敷地内に搬入・セットして行う調査方法のため、深い位置までの調査や硬い地盤での調査、試験用の試料採取も行うことができる反面、設備も大掛かりであり、１日あたりの調査箇所も調査深度にもよりますが１カ所程度となり、２階建ての軽量な住宅を想定した場合はユーザーの調査費用負担は相当なものとなります。一方、SWS試験は現場で組み立てる試験機であるため、機動力があり、１宅地あたり５本の調査を行ったとしても、１日で複数の宅地の調査が可能なため、特殊な事情は別として広くこの調査方法が採用されています。

　ここでは、SWS試験以外で廉価な調査方法を、わかりやすく整理した〔表１〕を紹介します。なお、表のタイトルに示されるサウンディングとは、原位置で試験を実施して地盤情報を求める方法のことで、原位置の拘束圧（土被り）のもとで簡単に試験が実施できる点が最大の長所です。

　試験方法は静的と動的に区分できます。前者は抵抗体を地盤中に一定速度で貫入、回転あるいは膨張したときの抵抗などを測定する方法で、後者はド

22

第1章　地盤と基礎共通

〔表1〕　サウンディング方法の特徴および適用地盤

Q3

方法	名称	連続性	測定値	測定値からの推定量	適用地盤	可能深さ(m)	特徴
静的	スウェーデン式サウンディング試験	連続	各荷重による沈下量の荷重(Wsw)、貫入1mあたりの半回転数(Nsw)	標準貫入試験のN値や一軸圧縮強さqu値に換算(数多くの提案式がある)	玉石、礫を除くあらゆる地盤	15m程度	標準貫入試験に比べて作業が簡単である
	ポータブルコーン貫入試験	連続	貫入抵抗	粘土の一軸圧縮強さ、粘着力	粘性土や腐植土地盤	5m程度	簡易試験で極めて迅速
	二重管、電気式コーン貫入試験	連続	先端抵抗qc間隙水圧u	せん断強さ、土質判別、圧密特性	粘性土地盤や砂質土地盤	貫入装置や固定装置の容量による	データの信頼度が高い
	原位置ベーンせん断試験	不連続	最大回転抵抗モーメント	粘性土の非排水せん断強さ	軟弱な粘性土地盤	15m程度	軟弱粘性土専用でcuを直接測定
	孔内水平載荷試験	不連続	圧力、孔壁変位量、クリープ量	変形係数、初期圧力、降伏圧力、粘土の非排水せん断強さ	孔壁面が滑らかでかつ自立するようあらゆる地盤、岩盤	基本的に制限なし	推定量の力学的意味が明瞭である
	スクリュードライバーサウンディング(SDS)試験	連続	回転トルクと回転速度鉛直荷重と沈下速度	土質判定、N値Fc	粘性土地盤や砂質土地盤	15m程度	SWS試験と同程度の簡易さ
動的	標準貫入試験	不連続最小測定間隔50cm	N値(所定の打撃回数)	砂の密度、強さ、摩擦角、剛性率、支持力、粘土の粘着力、一軸圧縮強さ	玉石や転石を除くあらゆる地盤	基本的に制限はなし	普及度が高く、ほとんどの地盤調査で行われる
	簡易動的コーン貫入試験	連続	Nd値(所定の打撃回数)	$Nd = (1 \sim 2)$ NN値と同等の考え方	同上	15m程度(深くなるとロッド摩擦が大きくなる)	標準貫入試験に比べて作業が簡単である
	動的コーン貫入試験オートマチックラムサウンディング	連続	Nd値(所定の打撃回数)回転トルク	$Nd \fallingdotseq N$ N値と同等の考え方	同上	$20 \sim 30$m	同上

出典：地盤工学会編『地盤調査の方法と解説』244頁（2007年）に加筆

23

第2編【各論】 地盤と基礎のQ&A

ロップハンマーなどによって抵抗体を地盤中に打ち込み、一定量貫入させるために必要な打撃回数を測定する方法です。試験は連続に行うものと一定の間隔で行う不連続方法に区分できますが、浅い深度の住宅地盤の安全性を把握するということを踏まえ、ここでは特別な装置を必要としない連続性のある試験に着目します。〔表1〕より試験方法として、静的の場合はSWS試験、ポータブルコーン貫入試験、機械式コーン貫入試験、SDS試験（スクリュードライバーサウンディング試験)、動的の場合は簡易動的コーン貫入試験、オートマチックラムサウンディングがあげられます。

　このうち、ポータブルコーン貫入試験は軟弱な粘性土が対象となること、機械式コーン貫入試験は軟弱な粘性土から砂質土を対象とした試験機ですが、地盤によっては大きな荷重・アンカー等による反力を必要とします。このため、一般に宅地の地盤調査としてはあまり使用されていません。一方、〈図3〉に示す簡易動的コーン貫入試験はSWS試験同様に簡易な調査方法であり、この試験によって得られたNd値は、標準貫入試験でのN値、SWS試験のWsw・Nswとの相関関係が〈図4〉のように示されており、これらをもとにして試験結果を対比・評価することができます。試験は5±0.05kgのハンマーを500±10mmの高さから手動で自由落下させて、先端のコーンが10cm貫入するのにかかった打撃回数を測定記録するものであり、ロッドを次々とコーンに補いながら連続的に打ち込むものであるため、作業が効率的であり連続して測定できます。装置は軽量のハンマーとロッドが主材料なため、SWS試験機ではできない狭小道や急斜面でも試験が可能です。また、この試験の必要作業員は、SWS試験の2〜3名に対し、2名で試験可能なのでコスト縮減が図れます。一方、欠点は、比較的軽量であるがゆえに貫入抵抗の大きい粘性土地盤や砂礫地盤のところでは適用できません。さらに、ロッド周りの摩擦が効いてくるため、深くなるとこの影響を考慮する必要があります。

　動的試験は、このほかにオートマチックラムサウンディングほかがあり、

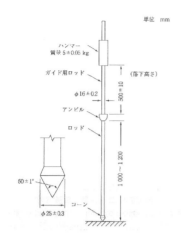
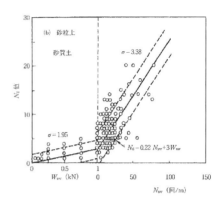

出典：地盤工学会編『地盤調査の方法と解説』321～322頁（2013年）

出典：地盤工学会編『地盤調査の方法と解説』322頁（2013年）

〈図3〉 簡易動的コーン貫入試験機　〈図4〉 簡易動的コーン貫入試験とSWS試験の相関

平坦地ではそれなりの機動力はありますが、打撃ハンマーの質量が63.5kgのため試験装置がやや大掛かりであり、運搬にはトラックが必要となるなど、少数の住宅地盤の調査を対象とした場合に、廉価に済ませたいときには不利になります。

以上より、適用地盤がやや狭くなりますがSWS試験機以外では簡易動的コーン貫入試験機を選択するということになります。

最後に、SWS試験や簡易動的コーン貫入試験では、土の試料採取ができません。土質試験を行うには、人力によるオーガーボーリングなどによる採取が必要です。また、地下水位はロッドの濡れ具合である程度の目安が得られるということを付け加えておきます。

第2編【各論】 地盤と基礎のQ&A

Q4

Q4 軟らかい地層と硬い地層が深さ方向に混在している場合に層状地盤の支持力の検討を行いますが、その際に注意する点はありますか?

基礎底面以深の地中応力の影響範囲は、〈図5〉に示すように方形または円形基礎の条件では、基礎幅の2倍程度の深さとなるため、この範囲の地盤が一様とみなせる場合には、支持力公式による方法で支持力を求めることが可能となります。しかし、一様地盤とみなせない場合には、層状地盤として取り扱うことが重要となります。また、帯状基礎の影響範囲はかなり深いところまで及ぶことに注意が必要です。

解説 直接基礎の支持力は、支持力式による方法、平板載荷試験による方法等により算定することとなります。

1 支持力式

中規模以上の建物の場合には、直接基礎の支持力算定に下式に示すテルツァギの修正支持力式が用いられます。

$q_a = 1/3(\alpha cN_c + \beta \gamma_1 BN_g + \gamma_2 D_f N_q)$

ここで、q_a:長期許容支持力度(kN/㎡)

α、β:形状係数

c:地盤の粘着力(kN/㎡)

N_c、N_g、N_q:支持力係数

γ_1:支持地盤の土の単位体積重量(kN/㎡)

γ_2:根入れ地盤の土の単位体積重量(kN/㎡)

B:基礎幅(m)

26

第1章　地盤と基礎共通

D_f：根入れ深さ（m）

Q 4

　しかし、小規模建物の場合には、SWS試験しか実施しないことが多いので、下式が用いられます。

$q_a=30+0.6\overline{Nsw}$
ここで、$\overline{Nsw}$：SWS試験における貫入量１mあたりの半回転数

　鉛直荷重を受ける直接基礎の地中応力の影響範囲は、基礎幅（短辺幅）の２倍程度となり、これを考慮して地盤定数を評価する地盤の深度は基礎幅の２倍程度の範囲となります。

2　平板載荷試験

　平板載荷試験を実施した場合には、その試験結果を用いて支持力を計算することが可能となります。しかし、平板載荷試験に用いる載荷板は、一般的に30cmと非常に小さい場合が多くなります。したがって、その試験結果も深さ60cm程度の地盤特性を反映した結果になります。

　たとえば、表層が砂質土、下部が粘性土となり、下部粘性土の影響が懸念される場合、上部砂質土が一様であるとみなして上部砂質土の支持力を確認したうえで、下部粘性土の支持力を確認することになります。この際、〈図６〉に示すように勾配1/2の分散角を用いて、砂質土層を伝わって下部粘性土に生じる応力を計算し、この値と下部粘性土の支持力値を比較することによって、下部粘性土の支持力に対する安全性を確認することが必要となります。

　また、平板載荷試験結果を用いる場合にも注意が必要となります。上述のように小さい載荷板を用いた場合を考えます。たとえば、軟弱地盤上の造成盛土の場合を想定すると、試験結果に反映される地盤特性が盛土内になるため、下部の軟弱層の影響を考慮できなくなります。したがって、試験結果の

27

解釈に注意が必要となります。

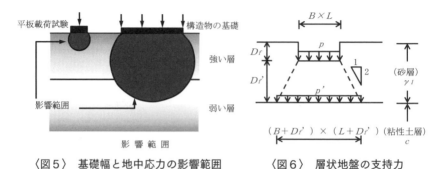

〈図5〉 基礎幅と地中応力の影響範囲　　〈図6〉 層状地盤の支持力

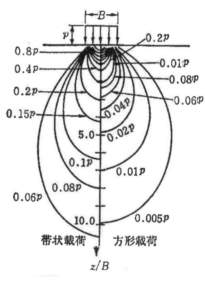

圧力球根（応力球根）の例

土質工学会編『土質工学ハンドブック』109頁（1982年）より転載

第1章　地盤と基礎共通

Q5

Q5　計算式に入力する地盤定数を平均で求めてもよいのでしょうか？
たとえば、スウェーデン式サウンディング（SWS）試験で得た深度
GL－1m～－2m間の25cmごとのNswが、1回、2回、15回、
2回だった場合、（1＋2＋15＋2）÷4＝5回のように値を単純に
「平均」して地盤定数を判断・評価してよいのでしょうか？

A SWS試験の性質上の課題があります。たとえば、地盤が礫混じり
の材料であった場合には、空転を伴いながら貫入することになり、
Nswが大きく測定されることがあります。この場合には、空転した値を差し
引いて、大きな礫周辺の砂や粘土の値を用いることが正しいのです。つまり、
ただ単にNswの平均値を用いて支持力を算定すると、支持力を過大評価する
ことになります。

以上のことから、試験結果に大きな差がある場合には、支持地盤の土質を
判断したうえで、地盤定数を評価する必要があります。

解　説　地中応力の影響範囲は、方形基礎（たとえば、べた基礎）では、
基礎幅（短辺幅）の2倍程度となり、これを考慮して地盤定数
を評価する地盤の深度は基礎幅の2倍程度の範囲となります。したがって、
影響範囲内の地盤が一様地盤と判断できる場合には、支持力を検討する際に
SWS試験から得られたNswの平均値を採用してもかまいません。

しかし、一様地盤とみなせるかの判断には、土質の判別（砂質土、粘性土）
が必要となります。したがって、SWS試験の際にハンドオーガーという簡
易な土質調査機を用いて採取した土のサンプルやSWS試験機に取り付けた
サンプラーより採取した試料から土質を判断したうえで、地盤定数を判断す
る必要があります。

土質の判定は、粒度分析により行うことになります。粒度分析の結果、土

29

を構成する土粒子の大きさ（粒径）を質量百分率で表すことができます。これを粒径加積曲線と呼びます。この粒径加積曲線より、土質を粘土、シルト、砂、礫に分類します。

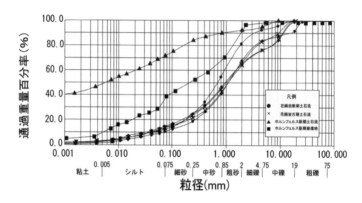

広島土石流堆積物の粒径加積曲線の例（稲垣秀輝による）

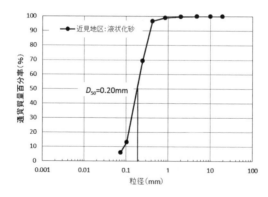

熊本地震で液状化した旧河道の砂層噴砂の例（若井明彦による）

（注） 広島の土石流堆積物（上）はいろいろな粒径の土砂からなる（緩やかなカーブ）のが特徴で、熊本地震の液状化した砂層（下）は粒径が揃っている（急なカーブ）のが特徴です。自然災害の形態で、土砂の粒径分布が異なっていることがわかります。

第1章　地盤と基礎共通

Q6

Q6　地盤について、「N値」、「地耐力」、「支持力」、「沈下（変形）」など
　　という言葉に接しますが、これらはどのような関係があり、どのよ
　　うに使い分けるのでしょうか？

A N値は、慣用的に万能N値と呼ばれることがあり、本来、地盤評
価に必要な地盤定数（粘着力c、一軸圧縮強さq_u、内部摩擦角ϕ、変形係
数E、体積圧縮係数m_v、等々）がなくてもN値があれば、地盤定数の概略値を
想定することができます。したがって、概略計算ではありますが、N値があ
れば、おおよその地耐力、支持力、沈下、等を知ることができます。

なお、地耐力という用語は、日本建築学会編著『建築基礎構造設計指針〔第
2版〕──2001改定』が発行されてから使われなくなってきましたが、かつ
ては、許容支持力と許容沈下の両方を満足する概念として使われてきました。

解説 N値は、調査ボーリングに伴って実施する標準貫入試験で
得られる地盤の硬軟や締まり具合を相対的に評価する指標で
す。物理的な単位をもたないことから、物理定数あるいは地盤定数ではあり
ませんし、各種地盤定数との間に理論的な定量的関係はありませんが、過去
の実験データでの相関分析を踏まえて、以下に例示するようなN値による各
種物理定数の推定式が提案されています。

$$\phi\,(°) = \sqrt{(20 \cdot N)} + 15$$
$$q_u\,(kN/\text{m}^2) = N/8$$
$$E\,(kN/\text{m}^2) = 700 \cdot N$$

　ここで、Nは標準貫入試験で得られた実測N値

これらの推定式を使うことで各種物理定数の概略値（目安）を知ることが

31

できるので、非常に便利な指標として活用されることから万能N値と呼ばれることがあります。

ただし、N値から推定式を用いて得られた各種物理定数の推定値は、あくまでも±誤差を伴う幅で求められる概略値（目安）であって、決して答（物理定数そのもの）ではないことに留意しなければなりません。

また、これらの推定式は分析元データの集合特性によって、適用に地盤種別があったり、地域特性があったり、その他特殊事情を伴うことが多いので、利用に際しては、マニュアル等の孫引きで収録されている推定式を無条件に使うのではなく、原典で前提条件や適用範囲を確認したうえで利用することが必要です。たとえば、N値9の場合、砂地盤であれば緩い軟弱地盤として評価されますが、粘土地盤だと硬い地盤として評価されます。土質がわからなければN値で評価はできません。

次に地耐力について解説します。1988年版の日本建築学会編著『建築基礎構造設計指針――1988改定』では、「支持力に対して安全率を適用したものが許容支持力であり、沈下に対してもある許容値に対して沈下量がこの限度を超えないよう合わせ考慮したものが許容地耐力であって、これらの関係を示せば次のようになる」として〈図7〉が示されています。

ここで、支持力はkN/㎡（かつての重力単位系ではt/㎡）という力の単位で表示され、沈下量はcmもしくはmという長さの単位で表示される物理定数ですので、支持力と沈下量とは単位・次元が異なり、本来同じ土俵の議論には載らない（同じ物差しでは比較できない）概念です。

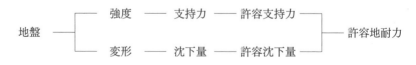

〈図7〉　許容地耐力説明図①

出典：日本建築学会編『建築基礎構造設計指針――1988改定』（1988年）117頁

第1章　地盤と基礎共通

Q6

　土質力学（地盤工学の一分野）では、下記(2)式で示されるフックの法則による土の応力ひずみ関係（〈図8〉参照）を用いて、2つの許容応力度を定義しています。

$\sigma = E \cdot \varepsilon$　　　　　　(1)式

　ここで、σ：応力（t/㎡）〔現在はkN/㎡〕

　　　　　　E：変形係数（弾性体の場合は弾性係数、ヤング率）（t/㎡）〔現在はkN/㎡〕

　　　　　　ε：ひずみ（無次元、×100で％）

$\triangle h = H \cdot \varepsilon$　　　　　　(2)式

　ここで、$\triangle h$：圧縮量（cm、m）、表層地盤では沈下量に相当する。

　　　　　　H：層厚（cm、m）

　一般的には硬い地盤の破壊時のひずみは小さく、軟らかい地盤の破壊時のひずみは大きいので、

≪硬い地盤の場合≫　　　　許容応力度1＜許容応力度2

≪軟らかい地盤の場合≫　　許容応力度1＞許容応力度2

という一定の傾向が認められ、硬い地盤の長期許容地耐力は破壊強さと安全率で定義された支持力で、軟らかい地盤の長期許容地耐力は許容沈下量で決まる傾向があります。

　ただし、これらには例外もあり一義的にいいきることはできません。実際には、その都度、両面からの慎重な検討が必要です。

　弾性的な沈下量に対応する地耐力を、「許容沈下量に対応する許容応力度2」と定義して、支持力に対応する地耐力、すなわち「破壊強度の3分の1

33

第2編【各論】 地盤と基礎のQ&A

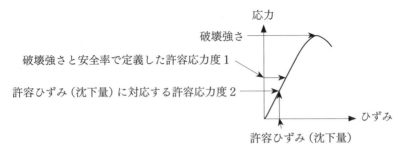

〈図8〉 応力〜ひずみ関係図における破壊強さから求める許容応力度と許容ひずみから求める許容応力度の概念図

で定義した許容応力度1」という同じ単位（t/㎡）の定数で比較し、小さいほうの許容応力度を、許容地耐力と定義する概念を〈図9〉に示します。

　ここで許容沈下量とは、日本建築学会編著『建築基礎構造設計指針──1988改定』156〜160頁によれば、沈下量には、以下のものなどがあり、それが基礎形式により許容値も異なっています。

① 総沈下量と相対沈下量
② 圧密沈下（長期沈下）と弾性沈下（即時沈下）とその他の沈下（水浸沈下等）

　上部構造を考慮した相対沈下量の計算は複雑なので、実務的には、総沈下量に対する相対沈下量の割合を、便宜的に独立基礎で50％、布基礎で35％、べた基礎で25〜20％で許容値を設定しているのが実情です。具体的

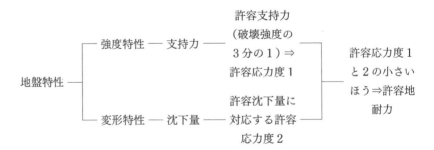

〈図9〉 許容地耐力説明図②

出典：日本建築学会編『建築基礎構造設計指針──1988改定』(1988年) 117頁を改変

第1章　地盤と基礎共通

な許容値は、『建築基礎構造設計指針——1988改定』156 〜 160頁に収録され
ている表4.4.1 〜 4.4.5等を参照してください。

　許容沈下量に対応する許容応力度を求める標準的な方法は、必ずしも確立
していません。

【参考・引用文献】
1　日本建築学会編著『建築基礎構造設計指針——1988改定』(1988年)
2　日本建築学会編著『建築基礎構造設計指針〔第 2 版〕——2001改定』(2001年)
3　地盤工学会編『地盤調査の方法と解説』277 〜 470頁 (2013年)

第２編【各論】　地盤と基礎のＱ＆Ａ

> Ｑ７　戸建て住宅の建築の際、「Ｎ値が○以上あるから大丈夫」などとい
> う説明に接することがありますが、地盤について素人である消費者
> は、何を基準に地盤の安全性を理解したらよいでしょうか？

　　　地盤の良し悪しは、Ｎ値によってある程度わかります。Ｎ値が大
きいほうが地盤はよく、Ｎ値が５～10以上あれば、支持力・沈下に
関して戸建てでは大丈夫でしょう。ただし、土質や地盤に悪影響を及ぼす現
象の種類によって評価が変わりますので、詳細は地盤の専門家に聞くのがよ
いでしょう。

解　説　Ｎ値は地盤の土質によって、地盤の地耐力の基準がやや異
なります。また、静的な地耐力と地震時の動的な基準もあり
ます。これらを総合して判断してください。

１　地盤の評価基準としてのＮ値

　地盤は、粘土粒子を主な構成材料とする粘性土と砂粒子を主な構成材料と
する砂質土に分けられます。粘性土層はＮ値が３以下だと要注意です。特に、
Ｎ値が０以下となる自沈層では、地盤改良や杭基礎が必要です。粘性土より
悪い地盤としては腐植土層があり、この地層は植物の腐食した材料なのでＮ
値は０以下を示し、いつまでも沈下が続きます。

　砂質層は、一般に静的な地耐力はありますが、Ｎ値５以下で地下水位が高
いと地震時に液状化します。つまり、Ｎ値の低い砂質土は地震時に危険にな
るのです。ここでも、液状化対策の地盤改良や地下水位低下工法が必要にな
ります。

　地盤は、一般的に深くなるほどよく締まって、Ｎ値の大きなものになりま
す。しかし、砂質土の下に軟らかい粘性土や腐植土が分布するところもあり

36

ますので、建物にもよりますが、最大20m、少なくとも5mまでの調査は必要です。

逆に、ロームなどの火山灰質土は特殊な土で、N値が2〜3と小さくとも地山の状態では地耐力がありますので、心配はいりませんが、重機などでかき乱すと強度が弱くなるので、造成の仕方に注意が必要です。礫層や岩盤については、通常N値は30以上出ますので、建物の支持地盤になります。

2 その他の基準値との関係

N値以外にも住宅地盤の基準になるものがあります。たとえば、スウェーデン式サウンディング試験結果のWswとNswや表面波探査で求めることができるS波速度です。ただし、これらの値とN値との相関式がありますので、最終的には地盤の良し悪しの基準はN値で判断するのが、一般的になっているのです。

【参考・引用文献】
1 地盤工学会編『地盤調査の方法と解説』1259頁（2013年）

模型実験を使った市民への地盤情報の伝達事例（稲垣秀輝撮影）

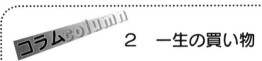

2　一生の買い物

　家を購入することを「一生の買い物」ということがあります。

　「一生の買い物」を決めるときに、本当に一生の価値をそこに見出しているでしょうか。もしそうであれば、十分に納得するまでその物件を知る必要がありませんか。地盤のことを知らないで買うことは本当に怖いことです。

　不動産業者に「今決断しないと二度とこんなよい物件はありませんよ」、「他の方が検討しているので、今決めてください」、「今決めていただくならここまで価格を下げてもいいですよ」などと言われて結論を出していませんか。「一生の買い物」と自分自身に納得させていませんか。そこに見栄や優越感がありませんか。

　家は、そこで人々が安全に安心できる生活を送るための場であるはずです。「一生の買い物」である家はそのような観点から見ることが大切なことです。

　もちろん、財産として家を購入する人もいるでしょう。そのような観点から家を買っても、その家の地盤に問題があれば財産的価値も大きく損なわれてしまいます。いくら建物が丈夫でもそれを支える地盤に問題があってはどうしようもありません。

　地盤のことは専門家でも調査をしないとすべてはわかりません。なぜなら、地表から下をすべて見ることはできないからです。さまざまな調査や試験、これまでの経験などを踏まえて地盤の状態を判断し、より客観的な事実を伝えるのが専門家と呼ばれる人たちです。不動産業者は不動産の専門家であって地盤のことはわかりません。

　あなたが「一生の買い物」をするのであれば、その一生を任せてもよいと判断できる地盤の専門家に出会うことです。

第1章　地盤と基礎共通

Q7

　建築士の数は2015年9月30日現在、約111万人（一級建築士、二級建築士の登録者合計。公益財団法人建築技術教育普及センターによる）いますが、地盤品質判定士はいまだ800名にも満たない数です。この数が10倍くらいになって、不動産を買うときや家を建てるときに気軽に相談できるような存在になると地盤のトラブルはかなり少なくなりそうです。

　地盤災害に被災された方々は口々に言います。「知っていれば買わなかった」、「知っていれば住まなかった」。「一生の買い物」が地盤被害で住めなくなることや、大きな借金を残すことになれば、そこは「終の棲家」ではなく「終わった家」になります。

　地盤にとっては、「沈下・崩壊・地すべり・液状化」が怖いものです。この怖いものを避けることはできます。地盤の正しい評価に建築資金の一部をかけるだけで安心できるはずです。

39

第2編【各論】 地盤と基礎のQ&A

第2章　土地選び

> Q8　丘陵地を切盛り造成された分譲地のうち、南端の崖上の敷地が見晴らし・展望がよいので大変気に入りました。何か注意すべき点はありますか？

A 　丘陵地を造成した場合、崖際は見晴らしがよく、住みやすそうに見えます。しかし、不適切な盛土は、地震時や豪雨時に崩壊することがあります。このため、注意すべき点は、崖が盛土でないか、もし、盛土であったとしたら、適切な盛土施工が行われているかを確認することです。

解説　丘陵地を切盛りする場合、工事を行った際の設計図や工事の資料があるはずです。それを入手してみると盛土であるか切土であるかがわかりますので、土地購入時に業者に聞いてみることがよいでしょう。もし古い造成地などで工事資料がない場合には、旧版地形図で調べてみると盛土かどうかがわかります。場合によっては大規模な盛土を抽出して情報公開している自治体がありますので、問い合わせてみてください。地盤調査の専門家に問い合わせても教えてくれるところがあるかもしれません[1]。

　また、新築の住宅を建てる場合には、必ず、スウェーデン式サウンディング試験などの地盤調査を行ってください。その中で盛土があれば、その深度や分布を確認し、盛土の品質についても調べてください。造成地の品質は宅

1　地盤工学会役立つ!!地盤リスクの知識編集委員会編『役立つ!!地盤リスクの知識』192頁（2013年）。

40

地防災マニュアル[2]などを参考にして確認してください。盛土が深かったり、盛土基底に旧表土があったり、基底深度が極端に傾いている場合は要注意ですので、地盤改良や杭基礎が必要となります。基礎にあまり予算をかけたくないとお考えなら、見晴らしのよさをあきらめて、比較的安全な切土部の用地を探すことをお勧めします。

都市近郊の丘陵地の造成地の例（稲垣秀輝撮影）

---

2 「宅地防災マニュアル」<http://www.mlit.go.jp/crd/web/topic/pdf/takuchibousai_manual070409.pdf>（2016年）。

第2編【各論】 地盤と基礎のQ&A

> **Q9** 盛土がなされた造成地であることがわかっている場合に注意する点はどのようなことでしょうか？

　①盛土の締固め、②盛土の排水対策、③盛土の材料、④盛土造成地全体の地震時安定性に注意が必要です。

解説　**1　盛土の締固め**

　盛土の施工にあたっては、計画される建物の地耐力などを確保し、圧縮沈下や地震時の不同沈下などを防止するため、適切に締固めを行うことが大切です。特に、切土と盛土の境界部は地盤の強度差が生じやすく、かつ不同沈下を生じやすい弱部となるおそれがあるため、十分な締固めを行う必要があります。

　なお、切土と盛土の境界部では過去の地震において不同沈下による建物被害が多発しているため、これを跨ぐ形で建物を計画しないこと、土地の形状などからやむを得ない場合は、建物を杭で支持し不同沈下を防止するといった対応をとることが望ましいのです。

2　盛土の排水対策

　雨水などが盛土に浸入し、地下水位が上昇した場合、盛土のすべり破壊が起こるおそれや、地震時に液状化が発生するおそれがあるため、適切な排水対策を行い、盛土内の地下水位を下げることが大切です。特に、谷部や沢部を盛土造成した土地では、地下水が集まりやすい傾向にあるため、十分な排水対策を講じる必要があります。

　代表的な排水対策工としては、地表面に排水勾配を設けて雨水などの表流水を側溝に導き処理する表面排水工、盛土最下部に暗渠工、小段ごとの水平

排水層などを設置し、盛土造成地全体の地下水位上昇を抑制する地下水排除工があります。

3　盛土の材料

盛土の材料は、周辺の切土で生じた土砂を流用することが一般的ですが、その特性に応じて適宜安定処理などの改良を行うことが大切です。特に、スレーキングが顕著な材料には注意が必要です。

スレーキングとは、盛土材が地下水や雨水などの水分を吸収し、湿潤と乾燥を繰り返すことで細粒化する現象で、盛土造成後徐々に圧縮沈下が進行するおそれがあります。このため、スレーキングが顕著な材料（泥岩・頁岩・凝灰岩など）で盛土がなされている場合は、建物を杭で支持し不同沈下を防止するといった対応をとることが望ましいです。

4　盛土造成地全体の地震時安定性

過去の地震では、谷部や沢部を埋め立てた盛土造成地や傾斜地盤上に腹付けした盛土造成地において、盛土と地山の境界面などをすべり面とする盛土全体の地すべり的変動や変形（いわゆる滑動崩落）によって多くの被害が生じています。このため、盛土造成地全体の地震時の安定性を検討し、必要に応じて対策を講じることが大切です。代表的な滑動崩落対策工としては、地下水排除工、押え盛土工、固結工、抑止杭工、グラウンドアンカー工、地山補強土工などがあります。

第2編【各論】 地盤と基礎のQ&A

Q10

Q10 購入を検討しているマンションは、自治体が発行している液状化マップによると液状化危険度大の地域に区分されていますが、重要事項説明では、中規模地震で液状化するが、建物は杭で支持されているので大丈夫、との説明を受けました。何か注意すべき点はありますか？

A 確かに杭を打ったことで、液状化に対する建物の安全性は高まります。ただし、建物の安全性は高まりますが、液状化する砂層を液状化しないようにする対策は行われていませんので、ライフラインとなるガス・水道・下水道と建物の接続までは、保証されていません。

解　説 液状化が起こると砂が圧縮され、建物周りの沈下が発生します。このとき建物は、沈下しないように杭で支えられていますので、当然建物の床面下に沈下による空洞ができます。また、地中に埋まっているガス・水道・下水道管は、液状化により沈下もしくは浮き上がりますので、沈下しない建物と、これらのライフライン本管とをつなぐ接続管は引っ張られ、一定以上に引っ張られた段階で、折れたり接続部がはずれたりして機能を失います。つまり、建物は倒壊しなくても、生活はできなくなります。

　さらに砂が液状化すると、地表に噴砂として吹き上がり流れ出すことが多いのですが、この吹き上げた砂が建物の入口付近に溜まると、砂により入口が閉塞され、出入りができなくなることがあります。建物から避難したいと思っても、避難できなくなることがあるのです。

　さらに、せっかく打設した杭自体が損傷する場合もあります。

　たとえば、建物が水際線から200m以内にあった場合、砂層が液状化したときに、側方流動というのですが、段差のある水際線に向かい地盤が横に流

44

れ出すことがあります。地盤が横に流れ出し、杭まわりの地盤に大きな変位が生じると、杭は横に動くのを必死に支えようとするのですが、耐えきれず、時として折れたり曲がったり、引き抜かれて斜めになったりしてしまうことがあります（〈図10〉）。

このような場合には、杭は建物を支えることができなくなるので、建物自体も傾いてしまいます。

そのため、杭を打つときには周りの環境や、建物や生活全体を視野に入れた総合的な対策をお考えになるようお勧めします。

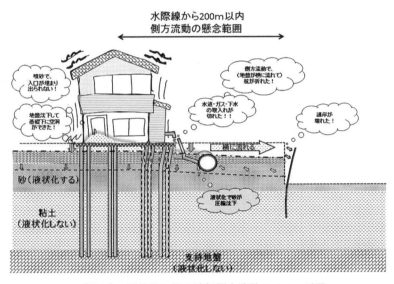

〈図10〉 液状化に伴う地盤側方流動のイメージ図

第2編【各論】 地盤と基礎のQ&A

Q10

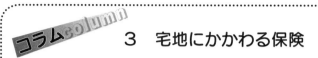

3 宅地にかかわる保険

「宅地被害（たとえば、土砂災害や液状化被害）のみを補償する保険はありませんか」と質問されるケースがありますが、宅地のみを対象として宅地所有者が申込みできる保険はありません。宅地に建物（住宅等）があれば、その建物に対して「火災保険」や「地震保険」を掛けることができますので、土砂災害や液状化被害によって発生した建物被害について補償を受けることができます。これが「宅地にかかわる保険」といえるでしょう。

住宅等の「火災保険」には、住宅を取り巻くさまざまなリスクを総合的に補償するタイプの「住宅総合保険」と、基本的な補償のタイプの「住宅火災保険」に大きく分かれます。ここで注意しなければならないのは、豪雨などによる土砂災害で住宅に被害を受けた場合、その住宅に掛けてある火災保険が「住宅総合保険」でなければ補償されないという点です。宅地が高台に存在しているから洪水などの被害は受けないだろうということで「水災」を補償できない住宅火災保険に加入してしまうと、豪雨や洪水による土砂災害の建物被害は補償されません。また、宅地の液状化による建物被害を補償するには「地震保険」の加入が必要ですので、住宅の保険に加入する際にはその補償内容をよく確認することが大切です。

最近は、住宅建築の際に地盤会社が行う地盤調査や地盤補強工事のミスが原因で住宅が不同沈下した場合、建設会社や地盤会社が住宅所有者に対して賠償する（地盤を修復する）費用を補償する保険もあります。これは、住宅所有者自身が損害保険会社に申込みを行って加入する保険ではありませんので、住宅を購入する際（もしくは住宅の建築を依頼する際）にそのような保険の申込みがされているかどうかを確認する必要があり

ます（なお、この保険では、土砂災害や液状化被害などの自然災害に起因する不同沈下等は補償対象外となります）。

　宅地が存在する場所によってリスクの内容が異なります。そして、その宅地に建物（住宅等）が建つことになるとリスクをきちんと把握する必要がありますので、地盤の専門家に相談してリスクを最小に抑える方法を検討するのと同時に、リスクに対応した保険を探すことが重要です。

〈図〉　宅地の地盤リスク

第2編【各論】　地盤と基礎のQ&A

Q11

第3章　スウェーデン式サウンディング（SWS）試験

Q11　戸建て住宅を建築する際に、スウェーデン式サウンディング
（SWS）試験という地盤調査の方法が用いられていますが、その長
所、短所を教えてください。

A SWS試験は静的貫入試験の1種であり、JIS A 1221（スウェーデン
式サウンディング試験方法）に規定されています。試験方法は、スク
リューポイント（最大径33.3mm）をロッド（φ19mm）の先端に付けて荷重段階
50N、150N、250N、500N、750N、1kNのおもりを段階的に載荷し、そ
れぞれの荷重段階で貫入量を測定します。このおもりの荷重をWswとして、
おもりが1kNになっても貫入しなくなった場合に、回転を与えて25cm貫入
するのに要する半回転数を測定します。この25cmに対する半回転数を貫入
量1mあたりに換算し、Nswとして記録します。上述の試験方法も踏まえて、
解説にSWS試験の長所と短所を列挙します。

解説　SWS試験の長所は以下のとおりです。

① 調査費がボーリング調査に比べて安価になります。

② 試験装置および試験方法が簡易であり、容易に測定できます。

③ 作業性がよいため、狭い場所での調査が可能となります。

④ 作業時間が短いため、1日で複数箇所の試験が可能となります。

⑤ 深度方向に連続したデータを得ることができます。

⑥ 測定値から換算N値を算出し、地盤の支持力を推定することができま
す。

48

第3章 スウェーデン式サウンディング (SWS) 試験

SWS試験の短所としては、以下のものがあげられます。
① 軟弱地盤が対象であるため、超軟弱地盤と硬質地盤には不向きな調査法です。
② 礫やガラなどが存在する地盤では、貫入困難となります。
③ 土質試料が採取できないため、概略的な土質判定にとどまります。
④ 単管式ロッドであるため、深度の深い測定値には周面摩擦の影響が含まれるため注意が必要となります。
⑤ ④の影響もあり、地盤の深い部分までの調査が不可能となります（一般的には、調査深度10～20mが限界となります）。

スウェーデン式サウンディング試験機の例（稲垣秀輝撮影）

第2編【各論】 地盤と基礎のQ&A

Q12

Q12 スウェーデン式サウンディング（SWS）試験で250Nでの自沈層
がある地盤の場合にはどのような評価をすればよろしいでしょう
か？

A 平成13年国土交通省告示第1113号によれば、SWS試験を実施した
結果、基礎底面から2m以内におもりの荷重が1kN以下で自沈する
層がある場合、もしくは、基礎底面から下方2mを超え5m以内に500N以
下で自沈する層がある場合には、建物の自重による沈下、その他の地盤の変
形等を考慮して、建物に有害な損傷、変形、および沈下が生じないことを確
認することとなっています。地盤の長期許容支持力度と混同しがちですが、
建物の自沈に関しては地盤の長期許容応力度とは別に検証しなければなりま
せん。

解説 SWS試験の結果、自沈する地盤など軟弱地盤で不同沈下の
発生が予想される場合には、告示第1113号に示されるとおり
沈下の検証を行う必要があります。沈下量を求めるためには、圧密試験など
により圧密特性を適切に評価する必要があります。しかし、圧密試験を実施
し圧密特性を把握することが予算的に難しい場合があります。そのような場
合には、少なくとも土を採取して、含水比を測定するなどして沈下の目安と
することが望ましいです。

地盤表層部において、支持力や圧密沈下に問題があると考えられる場合に
は、浅層混合処理工法に代表される地盤改良や小口径鋼管杭などの地盤補強
を施すなどの対応を行う必要があります。また、地盤の深層部に圧密沈下の
問題がある場合も考えられます。この場合には、小口径鋼管杭や深層混合処
理工法（柱状地盤改良）などの地盤補強により対応を行う必要があります。地
盤補強（地盤改良および杭）に関する詳細は、Q39およびQ40に解説しています。

50

第3章　スウェーデン式サウンディング（SWS）試験

Q 13

Q13　住宅地盤の評価をするには、スウェーデン式サウンディング（SWS）試験は深さ5mまで実施すればよいのでしょうか？　たとえば、測点を2カ所に限定したり、5mまでしか計測しなかったり、法面より遠い地点を測点にするなど、いろんな計測に出会いますが、どれが正しい調査方法なのでしょうか？　SWS試験を行う際の測点数、計測の深さ、測点の位置について教えてください。

A 住宅地盤の評価において、SWS試験の調査深度はNsw（貫入量5cmあたりの半回転数）が50以上を確認することが原則です。Nswが50以上にならない場合には、深度10mまでは測定することがよいのです。以下の告示第1113号が示す深さ5mまでの調査とは必要最小限の指摘事項であり、深度5mまでの調査でよいといっているものではありません。

【平成13年国土交通省告示第1113号】

　基礎の底部より下2m未満までの間にスウェーデン式サウンディングの荷重が1kN以下で自沈する層が存在する場合、　若しくは基礎の底部より下2mから5mまでの間にスウェーデン式サウンディングの荷重が500N以下で自沈する層が存在する場合にあっては、　平成12年建設省告示第1347号第2に定める構造計算を行うものとする。

上記の国土交通省告示第1113号（特に下線部）に示される深度に自沈層が存在するか否かを確認するとしてSWS試験が実施されますが、深度5mまでの試験が一般的ではなく、SWS試験を行う際の測点数、計測の深さ、測点の位置について最低限順守すべき方法として解説しているのです。

51

第2編【各論】 地盤と基礎のQ&A

解説　1　測点数および測点の位置

　敷地内での支持地盤の傾斜などが懸念される場合がありますが、これは、不同沈下の要因となります。不同沈下の要因は、自然地盤の地層構成と宅地造成時に行われる切土・盛土に起因します。切土・盛土に関しては、安定した地盤となる切土部、施工直後の締固め不足等で不安定な地盤となる盛土部、切土と盛土の境界部に大別されます。

　敷地内には、このような複数の支持地盤が存在する可能性があることから、測点数および測点の位置は、敷地内の隅角部4点および中央部の計5点で測定を実施するのが原則です。調査期間や用地の関係で、やむを得ず測点数を削減する場合においても、敷地の隅角部2点および中央部の計3点で測定を実施する必要があると考えられます。

　また、擁壁上端面敷地に住宅を建設する場合には、上記5点のほか擁壁背面地盤で最低2カ所程度は調査を実施することが望ましいです。

2　計測の深さ

　計測の深さは、地盤の地層構成や基礎形式や建物規模に応じて設定する必要があります。これは、採用する基礎形式や建物規模によって、支持地盤を選定する必要があるためです。さらに、軟弱な地盤があり、地盤補強（小口径鋼管杭や地盤改良など）を施す場合にも、地盤補強範囲の適切な設定が必要であるため、地盤補強を想定する深さをあらかじめ検討し、それに応じた測定深度の設定が必要になります。つまり、軟弱な地盤が5m以深に続く場合や地山と盛土の境を知るために、単純に深度5mで測定を終了するのではなく、少なくとも10m程度の調査もすべきです。

第3章　スウェーデン式サウンディング（SWS）試験

Q14

> Q14　スウェーデン式サウンディング（SWS）試験は、「医者の聴診器」であるといわれることがありますが、この意味を教えてください。

A SWS試験は、直接的には軟らかい地盤と硬い地盤の境界深度（表層の軟弱層厚、良好地盤出現深度）を求める試験ですが、試験中のロッドの貫入状況の観察記録や静的貫入抵抗（Wsw、Nsw）から、間接的かつ経験的な手法で、地盤の種類や各種物理定数の概略値（目安）を推定することができます。簡便法なので個々のデータの精度・分解能は悪いですが、簡易・安価の利点を活かして多数の試験を実施できるのが特徴です。したがって、対象とする敷地全体の面積をカバーするような調査が可能で、敷地内のどこに、どのような地盤工学的課題が潜んでいるかを探ることができます。医者が診察で使用する聴診器の役割に似ています。

解説 SWS試験は、装置がコンパクトであることから携行性が優れ（移動しやすい）、装置の操作が単純で容易、試験方法もシンプルで簡易、試験単価も安価であることから非常に便利な地盤調査ツールであります。しかし、簡易・安価である分、結果の解釈には、専門家の関与が必要なのです。一方、専門家にとっては、地盤は構造が複雑・不規則で地層は不均一・不均質が基本ですので、簡易・安価なSWS試験は、敷地全体をカバーするデータ取得が可能となり、敷地内の地盤工学的課題を探すのに有効な道具の1つです。SWS試験は地盤技術者の聴診器といわれる所以です。

地盤工学会編『地盤調査法』213頁（1995年）には、SWS試験について、「深さ10m程度以浅の軟弱層を対象に概略調査または補足調査などに用いられている。最近では、戸建て住宅など小規模構造物の支持力特性を把握する地盤調査方法として多く用いられている」と記載されています。

一方、日本建築学会編『建築基礎設計のための地盤調査計画指針〔第3版〕』

53

第2編【各論】 地盤と基礎のQ&A

50頁（2009年）によれば、SWS試験について、「スウェーデン式サウンディング試験は深さ10m程度までの軟弱層を対象とするサウンディング方法である。装置および操作が容易で迅速に測定できるなどの利点があり、小規模建築物の地盤調査として多く用いられているこの試験は、密な砂質地層、礫・玉石層や固結地層などには適用できず、ロッド周面摩擦の影響やスクリューポイントの摩耗などの影響などによる試験のばらつきも避けられないことから、小規模建築物以外での利用範囲は限定される」、「いろいろな推定式が提案されているが、小規模建築物以外では参考データ程度に用いるべきであろう」と記載されています。これらの特徴・留意点を踏まえて上手に活用することがポイントです。

第3章　スウェーデン式サウンディング（SWS）試験

Q15

> Q15　スウェーデン式サウンディング（SWS）試験の測定機には、手動
> 　　式、半自動式、全自動式があると聞きましたが、それぞれの長所、
> 　　短所、留意すべき点を教えてください。

A 　SWS試験の測定機は、スクリューポイント、ロッド、載荷装置、回転装置などからなりますが、手動式、半自動式、全自動式の大きな違いは、荷重の載荷方法、荷重の制御方法、回転方法および記録方法が、手動によるものか、自動装置によるかで分けられます。

解 説　**1　手動式**

手動式の長所・短所・留意点は、以下のとおりです。

① 長所

　ⓐ 狭小な場所・傾斜地での作業性がよい。

　ⓑ 軟弱地盤での自沈層の評価、さらに、貫入時の音や触感がとらえやすく、土層・土質の判別がしやすい。

② 短所

　ⓐ 手動式では、ロッドの鉛直性を確保することが難しい。

　ⓑ データの記録ミス、転記ミス等のヒューマンエラーが発生する場合がある。

　ⓒ 試験者の技量、測定機の種類によりデータにばらつきが生じやすい。

　ⓓ 荷重の上げ下ろしに身体的負担が大きく、作業箇所数が多くなると作業効率が悪くなる。

③ 留意点　　土質の判別や試験結果はロッドの貫入状況（貫入速度や回転時の感触）に頼ることになるため、地盤に関する知識と経験のある技術者が実施することが望ましい。

55

第2編【各論】 地盤と基礎のQ&A

〔表2〕 測定機の種類

種　類	載荷・制御方法	回転方法	記録方法
手動式	手動	手動	手動
半自動式	手動・自動	自動	手動
全自動式	自動	自動	自動

2　半自動式

半自動式の長所・短所・留意点は、以下のとおりです。

① 長所

  ⓐ 回転を機械化することで、ロッド頂部を固定しやすくなるので、ロッドの鉛直性を確保しやすい。

  ⓑ 載荷方法や回転作業を動力化（自動化）することで、効率化が図れる。

② 短所

  ⓐ 傾斜地では移動・設置がしにくい。

  ⓑ 手動式と同様に、データの記録ミス、転記ミス等のヒューマンエラーが発生する場合がある。

  ⓒ 土質の判別や貫入状況の判定が難しい。

③ 留意点　　試験の規格上問題ないが、250N以下で計測できる半自動式の調査機械が少ない。

3　全自動式

全自動式の長所・短所・留意点は、以下のとおりです。

① 長所

  ⓐ 全自動試験装置は、ロッドの貫入からデータ記録まですべて自動で試験量の効率化が図れる。

  ⓑ ロッドの回転をモーターで行うため、回転速度、トルクが一定で、測定においては個人差が出にくい。

第3章　スウェーデン式サウンディング（SWS）試験

ⓒ　自走型が多く移動運搬も楽で作業員の労働負担を軽減できる。

ⓓ　試験、測定記録が自動化されているため、データの記録ミス等の
ヒューマンエラーが発生しにくい。

ⓔ　試験データを現場で確認でき試験結果のグラフ表示、報告書の作成
が素早く行える。

② 短所

ⓐ　機械幅以上の搬入路を確保する必要がある。

ⓑ　傾斜地の場合は、水平に設置する必要があり、高低差があると移動
や設置ができない場合がある。

ⓒ　貫入時の音や触感がとらえづらく、適切に地盤評価ができない場合
がある。

ⓓ　急激に沈下した場合、自沈の評価が機種により曖昧となる。

③ 留意点　　全自動式では、急激に自沈した場合には制御機能が働くが、
制御の仕方は機種によって異なるので、データの意味するところが使用
機種の性能で変わる場合があるため注意が必要である。

4　SDS試験

なお、SWS試験の計測項目を増やして地盤の種別を判別できるSDS試験
（SWS試験で回転トルクを計測することによって、礫・砂・粘土の識別をしやすく
したり、地下水位を観測するツールを組み合わせることで、液状化判定に役立て
る試験法）もあり、ハウスメーカーによっては採用されているケースもある。

4　宅地を調べる物理探査法

(1) はじめに

　宅地の地盤調査においては、一般に、スウェーデン式サウンディング（SWS）試験が多用されており、地盤の強さを調べることを目的としています。探査手法の中でも表面波探査は、地盤の強さを面的に求めることができるので、宅地を調べる探査法として適していると考えられます。

　住宅地盤のように、比較的浅い地盤を調べる探査法は、表面波探査が有効な調査手法になります。表面波探査は地盤の強さ（締まり具合）を断面で連続的に把握することができる物理探査手法です。

(2) 表面波探査の概要

　表面波探査は、主に深さ20m以浅の地盤について、S波速度構造を求める手法です。［写真1］や〈図1〉に示すように、カケヤ等で地表を打撃することで、地盤のS波速度構造を求めることができます。

　S波速度は、地盤の強さと相関関係があるので、表面波探査を行うことで、面的に地盤の強さを把握することができます。

(3) 表面波探査の利用例

　表面波探査で得られる断面図を〈図2〉に示します。着色部分ほど速度が遅く白色に従い速度が大きくなります。速度の大小は地盤の強さを反映しているので、〈図2〉から、次のことが読み取れます。

［写真1］　表面波探査の例

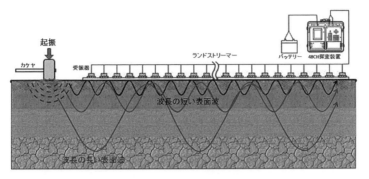

〈図1〉 表面波探査の概要図

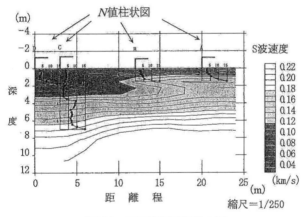

〈図2〉 表面波探査結果の例

① 距離程0m～10mにかけて、深度3m付近まで、柔らかい地盤状況を示している（柔らかい地盤では、N値＝5以下、S波速度＝0.1km/s程度を示している）。

② また、距離程15m～25mにかけては、地表近くに分布する着色部が深さ1m以下であり、硬い地盤状況が予想される。

このように、表面波探査は、断面で連続的に地盤状況をとらえることができるので、深さ方向に線の調査であるボーリング調査やSWS試験を補完する効率のよい調査法としても期待されます。

第2編【各論】 地盤と基礎のQ&A

【参考文献】
日本建築学会編著『小規模建築物基礎設計指針』42頁（2008年）

［写真2］ 表面波探査測定器

第3章　スウェーデン式サウンディング（SWS）試験

Q16

Q16　Wsw、Nswとはどのような概念でしょうか？　また、この数値
　　によって何がわかるのでしょうか？

A　Wswとは、スウェーデン式サウンディング（SWS）試験の載荷にお
　　いて用いた荷重を表したものです。Nswとは貫入量１mあたりの半
回転数を数値で表したものです。SWS試験では、これらを総称して静的貫
入抵抗と呼びます。静的貫入抵抗とは、原位置における土の硬軟、または、
締まり具合や土層を判断するための相対指標です。すなわち、静的貫入抵抗
から土質がわかれば、N値の推定や、一軸圧縮強さquの推定が可能となり、
地盤の許容応力度qaが推定できます。

解説　1　WswとNsw

　Wswは、試験に使用するクランプおよびおもりの荷重を表しており、50N、
150N、250N、500N、750N、１kNを用います。Nはニュートンと読み、
１N≒0.102kgfに換算できます。

　Nswの半回転数は、Wsw＝１kNの荷重で貫入が停止した後、回転によっ
て貫入させたときの半回転数であるNaを１mあたりの半回転数で表したも
のです。Nswは次の式によって計算できます。

$$Nsw = \frac{Na}{L}$$

　　ここで、*Nsw*：貫入量１mあたりの半回転数

　　　　　　Na　：Lの長さの貫入に要した半回転数

　　　　　　L　：貫入量（m）

61

第2編【各論】 地盤と基礎のQ&A

2 Wsw、Nswからの推定式

Wsw、Nswからの推定式には、次のようなものがあります。

(1) N値の推定

Wsw、Nsw とN値の関係は稲田により、地盤の種類から次の式が提案されています[1]。

礫・砂・砂質土　　$N = 0.002\,Wsw + 0.067\,Nsw$

粘土・粘性土　　$N = 0.003\,Wsw + 0.050\,Nsw$

---

(2) 一軸圧縮強さquの推定

Wsw、Nsw と、一軸圧縮強quとの関係は、稲田により、次の式が提案されています。

一軸圧縮強さ $qu = 0.045\,Wsw + 0.75\,Nsw$ （kN/m²）

---

(3) 地盤の許容応力度qaの推定

2001年国土交通省告示第1113号（以下、「告示」という）第2(3)項にて、Nswから地盤の許容応力度qaを求める方法として、次の式が示されています。

地盤の許容応力度 $qa = 30 + 0.6\,Nsw$ （kN/m²）

ただし、告示には、地震時に液状化のおそれのある地盤の場合、または、基礎の底部に自沈する層が存在する場合にあっては、建築物の自重による沈下その他の地盤の変形等を考慮して建築物または建築物の部分に有害な損

1　稲田倍穂「スエーデン式サウンディング試験結果の使用について」土と基礎8巻1号13〜18頁。

62

傷、変形および沈下が生じないことを確かめなければならないとあります。

また、この告示式で地盤の許容応力度を推定する場合、土の判別が省略された簡略式であるため、あくまで1つの目安値であることに留意して用いることが肝要です。特に、推定されるq_aは、自沈層でも$q_a=30kN/m^2$が確保できているということになってしまいます。1kN未満の自沈であれば、$q_a=30kN/m^2$は確保できないので、自沈層の場合には適用できません。

N値0の自沈層が続く干潟の地盤の例（稲垣秀輝撮影）

第２編【各論】　地盤と基礎のQ&A

Q17

Q17　スウェーデン式サウンディング（SWS）試験では250Ｎ→500Ｎ→750Ｎ→１kNと荷重を加えていく仕組みになっていますが、たとえば、750Ｎの荷重を加えてもロッドは沈下しなかった地盤で、１kNの荷重を加えたときにロッドが沈み始めたという場合、「１kNで自沈する地盤」と評価するのか、「750Ｎで自沈する地盤」と評価するのか、いずれなのでしょうか？

A 　SWS試験のデータの評価は25cmごとを基本とするため、１kNの荷重を加えたときの貫入量が25cmまでの自沈であれば「１kNで自沈する地盤」と表現されます。しかし、貫入量が25cmを超える場合、貫入速度が深度方向に増加するような自沈の場合は、「750Ｎ以下で自沈する地盤」の可能性があります。

解説 　国土交通省告示第1113号に示された推定式により地盤の許容応力度を求める場合、「基礎の底部から下方２ｍ以内の距離にある地盤にスウェーデン式サウンディングの荷重（Wsw）が１kN以下で自沈する層が存在する場合、もしくは基礎の底部から２ｍを超え５ｍ以内の距離にある地盤にスウェーデン式サウンディングの荷重（Wsw）が500Ｎ以下で自沈する層が存在する場合にあっては、建築物の自重による沈下、その他の変形等を考慮して建築物又は建築物の部分に有害な損傷、変形及び沈下が生じないことを確かめなければならない」とあるため、SWS試験では自沈区間のWswを適切に評価する必要があります。

　「スウェーデン式サウンディング試験の規格（JIS A 1221）」によれば、Wswは荷重を段階的に増大させた場合に初めて貫入する状態の荷重に相当します。先に述べたようにSWS試験のデータの評価は25cmごとを基本とするため、25cmごとにきちんとデータがとられている場合は、そのWswを自

64

沈荷重として評価できますが、750Nで自沈しなかった地盤が1kNの荷重を加えたら、50cmあるいは100cm自沈してしまっているような場合、50cmあるいは100cm」の自沈区間すべてが1kNで自沈する地盤と評価されてしまうことがあります。しかし、実際にはこのような区間すべてが1kNの荷重を必要とした自沈とは限らず、最初に自沈し始めた25cm区間の下位は、750N、500Nあるいはそれ以下の荷重で自沈していた可能性を否定できません。

このような区間の自沈荷重（Wsw）を適切に評価するためには、自沈区間の貫入が増加傾向にあったか、減少傾向であったかを確認することが重要となります。たとえば、1kNの荷重で100cmの自沈が確認された場合、いずれの場合も最初の25cmの自沈区間は「1kNで自沈する地盤」と評価されますが、その下位の自沈荷重（Wsw）は、前者の場合と後者の場合とでは深度方向の評価は異なるものとなります。

貫入量（自沈量）と貫入速度による自沈荷重（Wsw）の定量的基準はありませんが、急激に自沈する場合は、次の25cm区間の最初のWswを信頼性のある自沈荷重（Wsw）とみなします。また、貫入量が50cm以下の場合は、1ランク落として「750Nで自沈する地盤」、貫入量が50cm以上の場合は、2ランク落として「500Nで自沈する地盤」とするなど安全側に評価することがよいのです。

第2編【各論】 地盤と基礎のQ&A

Q18

Q18 事業者側の営業社員が、販売する土地の地盤を自分で測定する
事例がみられますが、スウェーデン式サウンディング（SWS）試験
を行うには、地盤調査に関する特別の資格や技能が必要になるので
はないかと思います。素人でもできる測定方法なのでしょうか？

A SWS試験は、地中にスクリュー付きロッド（スクリューポイント）を
貫入させて土の抵抗を調べるものであり、原理はとても単純なので
操作は素人でもできますが、適切な試験成果を得るためには、地盤に関する
知識と経験が必要なため、素人には難しい試験といえるでしょう。また、試
験を行ううえで、地盤調査に関する特別な資格をもっていなければ測定でき
ないということはありませんが、地盤品質判定士・地盤品質判定士補（地盤
品質判定士協議会）や地質調査技士（一般社団法人全国地質調査業協会連合会）な
どの資格をもった技術者は、地盤に関する知識と経験を備えているため、こ
うした技術者が試験を行うことにより信頼度の高い結果を得ることができま
す。

解 説 地盤に関する知識と経験を積んだ技術者がSWS試験を行う
場合、スクリュー付きロッドが貫入するときの感触、あるい
は回転時の音などにより、微妙な土質の変化をとらえ判別することができま
す。この経験というのがSWS試験ではとても大切であり、試験箇所の地形
などから、経験に基づく概略的な地盤状況を想定したうえで試験を行うため、
より精度の高い結果を提供できるのです。

一方、技術や経験が不足した素人がSWS試験を行った場合、誤った試験
結果が得られた場合でも結果を疑問視することなく地盤の評価をしてしまう
危険性があります。

事業者側の営業社員が、販売する土地の地盤を自分でSWS試験を行うケー

66

第3章 スウェーデン式サウンディング（SWS）試験

スでは、前述したように営業社員が地盤調査に関する十分な知識と経験を積んでいるかどうか、資格取得者かどうか等を見極める必要があります。

これは大変難しいと思いますが、間違ったSWS試験結果を使って過大な基礎設計を行い、建築費増大につながった事例やその反対の間違ったSWS試験結果から地盤改良を行わずに住宅が傾いた事例もあることから、資格の有無は重要なことです。

Q18

安全安心を願う事業者の行う地鎮祭の例（稲垣秀輝撮影）

5 マンションの地盤の安全性とは

　マンションの地盤調査は、一戸建て住宅の地盤調査より精度の高い調査をします。一戸建て住宅ではスウェーデン式サウンディング試験が主体となりますが、マンションではボーリング調査が一般的で、標準貫入試験や室内土質試験が並行して行われます。ボーリングの数量は、地盤の良し悪しやマンションの規模によってさまざまです。マンションの規模が小さく、かつ、地盤が良好で単純な水平層と推定される場合にはボーリングは1孔で終えることがありますが、一般的には3～5孔前後が多いようです。もちろん、地盤の地層が複雑であったり、マンションの規模が大きい場合には、さらに多くのボーリングを行います。

　このような地盤調査から地盤に適した建物の基礎型式を選択し、マンションが安定する基礎を設計します。建物の安定は、地盤に支持力があるか、許容量を超える沈下がないかが主な検討事項です。場合によっては、液状化や地盤のすべりの検討が必要な場合もあります。
ちなみに、良好な地盤が地表にある場合には、直接基礎を選択しますし、軟弱な地盤が分布するところでは杭基礎を選択します。

　問題となるのは、軟弱な地盤の基底に起伏がある場合で、調査ボーリングの数量が少ないとどうしても谷状に凹んだ支持地盤を見逃して、基礎杭が軟弱地盤中に宙に浮いてしまうことです（〈図〉参照）。調査ボーリングは多ければ多いほうがよいのですが、費用対効果を考え調査数量を抑えがちです。この場合には、問題が発生しないように、施工中に杭が地山に着いたかどうかの確認を行い、安全性の確保に努めます。

　また、一見支持地盤と思って直接基礎を選択したところ、支持地盤が地すべり岩塊であるとマンション全体がすべってしまうこともあります。調査時に、マンションの用地だけに注目して調査するだけでなく、

第3章　スウェーデン式サウンディング（SWS）試験

Q18

もう少し広い範囲の地質（地すべり）や昔の地形（支持地盤の谷がわかることがある）を調べることもマンション地盤の安全性確保のために必要となります。さらに、施工時の関係者間のリスクコミュニケーションのあり方も地盤事故を発生させないためには重要といえます。

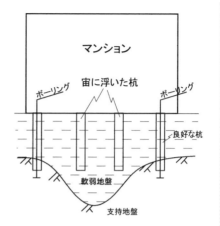

〈図〉　問題となる杭基礎

第2編【各論】 地盤と基礎のQ&A

Q19

第4章　基礎（告示第1347号）

Q19　平成12年建設省告示第1347号第1は、基礎の構造と地盤の長期
に生じる力に対する許容応力度との関係を次のとおり規定していま
すが、「長期許容応力度が20kN/㎡未満」とは、スウェーデン式サウ
ンディング（SWS）試験によって得られたデータの平均値をいうの
でしょうか？　それとも1カ所でも「20kN/㎡未満」となる箇所が
あれば「20kN/㎡未満」と評価することになるのでしょうか？

①　長期許容応力度が20kN/㎡未満の場合は基礎杭を用いた構造

②　長期許容応力度が20kN～30kN/㎡未満の場合は基礎杭また
はべた基礎

③　長期許容応力度が30kN/㎡以上の場合は基礎杭、べた基礎、
布基礎

A　住宅敷地では5カ所程度のSWS試験を行うことが多いですが、同
一宅地内でも地盤条件は大きく変化する場合もあるので、平均値では
なく、原則的には安全側に最も低い試験結果を評価対象とします。地盤の評
価に際しては、SWS試験の特徴を理解するとともに試験結果ばかりでなく、
資料調査や現地踏査などから総合的に判断する必要があります。

解　説　告示第1347号[1]では、上記のように地盤の長期許容応力度ご
とに基礎形式が規定されています。また、平成13年国土交通

1　平成12年5月23日付け建設省告示第1347号「建築物の基礎の構造方法及び構造計算の
基準を定める件」。

70

第4章 基礎（告示第1347号）

Q 19

省告示第1113号[2]では、地盤の許容応力度を求めるための地盤調査方法と、許容支持力を定める方法が規定されています。戸建て住宅などの小規模建築物で多く用いられるSWS試験も、ここに規定される試験方法であり、この試験結果から告示に規定される以下の(1)式により地盤の許容支持力を求めることができます。これらの規定により地盤調査と基礎形式の決定方法が明確化されましたが、一方で、試験結果のみを頼りに基礎形式が選定されることにより、新たな事故の原因となっている場合が少なくありません。

　地盤調査の方法にはそれぞれ長所短所があり、また、その試験結果とその評価には誤差やばらつきが含まれています（詳しくはQ20も参照ください）。また、地盤調査の試験結果は、単にその調査箇所の情報でしかありません。SWS試験は標準貫入試験に比べて調査箇所数を多くできるといった長所がありますが、それでもそれぞれは直径3cm程度の調査孔の地盤情報ですので、その結果は必ずしも敷地全体の地盤条件を表しているものではないことに注意する必要があります。そのため、事前の資料調査などにより「土地の履歴」や「近隣の既存地盤資料の有無」、「地形・地盤の特徴」や「想定される地層構成」などを把握し、また、現地踏査により「切土や盛土の状態」や「当該敷地や周辺の沈下状況」などを把握し、これらの情報とともに試験結果のばらつきに注意して総合的に判断する必要があります。

　〈図11〉〈図12〉ではSWS試験と標準貫入試験とをあわせて実施した結果を示しましたが、敷地内で大きく地盤条件が変化していることがわかります。しかし、一般にこれほど詳細な調査を実施することはなく、このような地盤ではSWS試験のみで地盤条件を判断することには無理があることがわかると思います。SWS試験の短所（たとえば、調査孔の限られた情報であることや土質区分の詳細が不明であること、所定の深さまで貫入できない場合があること

2　平成13年7月2日付け国土交通省告示第1113号（最終改正：平成19年9月告示第1232号）「地盤の許容応力度及び基礎ぐいの許容支持力を求めるための地盤調査の方法並びにその結果に基づき地盤の許容応力度及び基礎ぐいの許容支持力を定める方法等を定める件」。

71

Q 19

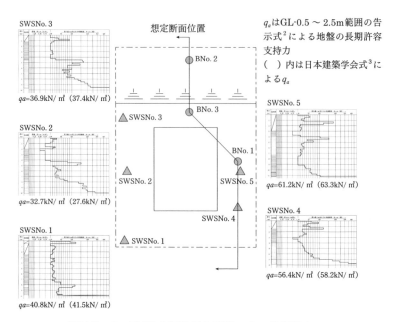

〈図11〉 SWS試験と標準貫入試験による地盤調査

など)を補うためにも、前述のような資料調査や現地踏査をあわせて行い、「技術者の適切な判断」により地盤を総合的に評価したうえで基礎形式の選定を行う必要があります。

$$告示式 \quad qa = 30 + 0.6\overline{Nsw} \ (kN/m^2) \quad \cdots\cdots\cdots\cdots\cdots (1)式^2$$

(注) (1)式は地盤の長期許容応力度が30kN/m²未満の地盤には適用できない。

3　日本建築学会編著『小規模建築物基礎設計指針』(2008年)。

第4章　基礎（告示第1347号）

Q19

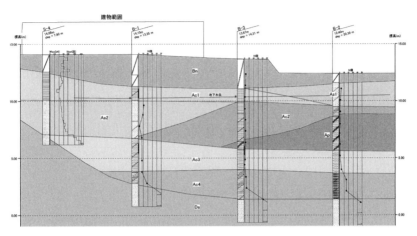

〈図12〉　SWS試験と標準貫入試験による地層想定断面図

第２編【各論】　地盤と基礎のQ&A

Q20

> Q20　スウェーデン式サウンディング（SWS）試験の結果、「長期許容応力度が19kN/㎡だったので告示に従い杭基礎を選択した」とか、「長期許容応力度が21kN/㎡だったので告示どおりべた基礎を選択した」などと判断をする業者もいますが、これは正しい判断でしょうか？

A 　間違ってはいませんが、試験結果には誤差やばらつきがありますので、それらを考慮して安全側に検討する必要がある一方、過度に安全側の評価は経済的にも不合理ですので実態に沿った合理的な判断が必要です。また、Q19のとおり、試験結果は必ずしも敷地全体の地盤条件を表しているものではないので、SWS試験の特徴や注意点をよく理解するとともに、試験結果だけでなく現地踏査や資料調査などから総合的に判断する必要があります。

解　説　本来、基礎の設計においては「支持力」（告示等では「応力度」と表記）と「沈下」について検討する必要があります。しかし、荷重度の小さい戸建て住宅などの小規模建築物では、地盤支持力に十分な安全率を見込むことで、通常の地盤であれば沈下の検討を省略している場合が多いです。木造住宅の接地圧はおおよそ10kN/㎡程度から大きくても15kN/㎡程度ですから、仮に地盤の長期許容応力度が19kN/㎡であっても、直接基礎としても安心のように思いますが、測定値のばらつきを考慮すると危険なのです。さらに、告示第1113号の許容応力度を満足していても、自沈層がある場合（特に、基礎底盤下２mの範囲に１kN、５m範囲に500Nの自沈層）に

1　平成13年７月２日付け国土交通省告示第1113号（最終改正：平成19年９月告示第1232号）「地盤の許容応力度及び基礎ぐいの許容支持力を求めるための地盤調査の方法並びにその結果に基づき地盤の許容応力度及び基礎ぐいの許容支持力を定める方法等を定める件」。

74

第4章　基礎（告示第1347号）

Q 20

は沈下の検討と、液状化のおそれのある地盤では液状化の検討が別途必要となります。

　なお、基礎について構造計算により構造耐力上安全であること（有害な損傷、変形および沈下が生じないこと）が確認されれば、必ずしも告示第1347号[2]に定める許容応力度別の基礎形式によらなくともよいことになります（建築基準法施行令38条4項）。

　告示第1347号や第1113号は、戸建て住宅などの小規模建築物などで実用的なSWS試験を普及させ、地盤調査を行うことで地盤条件を確認して基礎の設計がなされるように仕様規定化されたものですが、以下のようなSWS試験の特徴や問題点を理解するとともに、SWS試験と支持力式だけに着目して沈下や液状化の可能性を見落としたり、逆に過剰な補強対策などオーバースペックな設計となることなく、技術者の適切な判断に基づく設計がなされなくてはいけません。以下にSWS試験の特徴を示しますので、参考にしてください。

① 　SWS試験の特徴　　戸建て住宅などの小規模建築物のべた基礎の場合には応力の伝達深さは基礎幅の2倍程度もしくは2m程度[3]と考えられますので、深さ1mごとに行う標準貫入試験よりも、浅い範囲で深度方向に細かく、かつ複数箇所の試験結果が得られるSWS試験は、利便性や経済性から小規模建築物において多く採用されています。しかし、一般には土質試料を採取できないため概略的な土質の判別しかできないことや地下水位が測定できないこと、転石や硬い地層では貫入困難になるなどの短所があります。

② 　SWS試験の注意点　　SWS試験結果による支持力計算において、告示第1113号の(1)式は、Nswが0のどのような自沈層でも長期許容支持

2　平成12年5月23日付け建設省告示第1347号「建築物の基礎の構造方法及び構造計算の基準を定める件」。
3　日本建築学会編著『小規模建築物基礎設計指針』(2008年)。

75

力q_aは30kN/㎡となってしまいます。回転から自沈に移行するとWswはすべて1kNとなりますが、これを適切に補正するとともに、自沈状態(Wsw)を評価できる日本建築学会の(2)式などを用いる方法もあります。また、試験結果による地盤の評価については、〈図13〉および〈図14〉に示すとおり、N値や一軸圧縮強さquと比較すると、これだけのばらつきがあることにも注意が必要です。

国土交通省告示式　　$qa = 30 + 0.6\overline{Nsw}$ ……………………(1)式

日本建築学会式　　$qa = 30\overline{Wsw} + 0.64\overline{Nsw}$ ……………(2)式

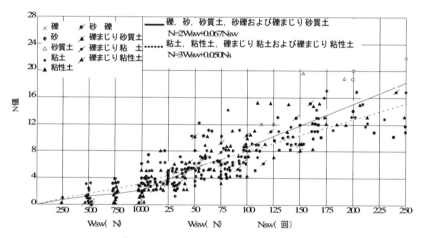

〈図13〉　N値とWsw、Nswとの関係

出典：地盤工学会編『地盤調査の方法と解説』(2013年)

第4章 基礎（告示第1347号）

Q20

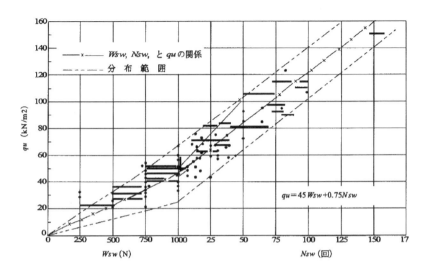

〈図14〉　quとWsw、Nswとの関係

出典：地盤工学会編『地盤調査の方法と解説』（2013年）

第2編【各論】 地盤と基礎のQ&A

Q21

Q21 支持層の深度は土地ごとに決まっていて、基礎の形式や建物の規模によって変わらないものなのでしょうか?

基礎の計画において、基礎の設計に必要な建物や地盤などに関する諸条件に関して調査や確認を行い、それらの結果に基づき具体的な性能や施工条件を設定することになります。支持地盤や基礎形式の選定に際して、上部構造を安全に支持し、建物およびその性能に重大な障害を生じないようにすることが重要となります。そのために、建物条件や地盤条件を検討するとともに、施工可能な基礎形式・工法を選定する必要があります。

解説 小規模建物の基礎形式は、直接基礎と杭基礎に大別することができます。直接基礎に関しては、布基礎とべた基礎に分類することができ、地盤の支持力（長期許容応力度）の大きさにより選定することとなります。支持地盤が軟弱であり、所定の支持力が確保できない場合には、地盤補強を施して設計されます。地盤補強の目的は、支持力の増大や変形の抑止となります。地盤補強の方法は、軟弱な地盤を固化して改良する方法、軟弱な地盤を良質な材料に置換する方法、小口径杭を設置する方法などがあります。

また、基礎を設計する際の長期鉛直荷重は、上部構造の長期鉛直荷重と基礎に直接作用する荷重の和として算定されます。長期鉛直荷重は、固定荷重や積載荷重のほかに積雪荷重を考慮して検討することとなります。上述のように、基礎形式や建物規模が変わった場合には、それらの条件と地盤条件を検討して、支持地盤を選定する必要があります。したがって、支持層の深度は土地ごとに決まるものではありません。

78

第4章　基礎（告示第1347号）

6　2016年熊本地震での宅地被害

　2016年4月、震度7の地震が熊本周辺の市街地を襲いました。この地震は、都市近郊の直下型地震であり、活断層が露出し断層沿いで宅地の被害が多かったことが特徴です。特に、活断層の直上の家屋は、どんなに頑丈に作ったとしても地盤のずれにあわせて変形するので、全壊となります（[写真1]）。また、造成地での谷沿いの盛土や崖沿いの腹付け盛土では盛土がすべり出し、家屋が倒壊しています。これは、東日本大震災において仙台市で広範囲の被害を出した現象と同じです。やはり、盛土は地震に弱いのです（[写真2]）。個別の宅地地盤の補強である程度の減災はできますが、規模の大きな盛土では、地域全体での地盤対策も必要です。

[写真1]　活断層で被災した住宅

　それでは、台地上の良好な地盤の上の家屋はどうだったでしょう。[写真3]に示したように、頭の重い瓦屋根の古

[写真2]　盛土がすべった住宅被害

い家屋では全壊していましたが、同じ地域でも新しい耐震家屋では、被害がほとんどないものがありました。震度7を2度経験されたことが、家屋被害を大きくしたといわれていますが、それは今後の課題であって、

79

[写真3] 地盤が動かなかった良好な地盤での同地区の家屋被害（左：古い木造家屋で全壊、右：新しい住宅で被害軽微）

基本的には地盤をよく見て宅地を選び、必要に応じて地盤対策や耐震設計をすることが重要です。

また、地震によって建物の1階部分が潰れたものが多かったのも特徴です（[写真4]）。崖の近くの家屋では崩壊土砂が1階部分に流入します（[写真5]）。地震時に1階か2階かどちらにいたかで生死を分けました。地震時やその後の避難は1階を避けたほうがよいでしょう。

[写真4] 地震で1階部が潰れた家屋

[写真5] 1階に崖崩れの土砂が入った家屋

第5章　地盤の長期許容応力度の算定（告示第1113号）

Q22

第5章　地盤の長期許容応力度の算定（告示第1113号）

Q22　平成13年7月2日付け国土交通省告示第1113号（以下、「告示第1113号」といいます）第1に、地盤調査の方法があげられています（〔表3〕参照）が、どのようなものか、わかりやすく説明してください。

A 　告示第1113号第1にあげられている地盤調査の方法の具体的内容は、建築行政情報センター・日本建築防災協会編『建築物の構造関係技術基準解説書〔2015年版〕』（以下、「基準解説書」といいます）556頁の表9.6−1（〔表4〕参照）に示されています。

解説 　告示第1113号第1には、「地盤の許容応力度および基礎ぐいの許容支持力を求めるための地盤調査の方法」が一〜十までの10項目（〔表3〕参照）示されています。このうち、一〜七は直接基礎にかかわる調査・試験方法、一〜六と八〜十は基礎杭にかかわる調査・試験方法です。

告示第1113号第1には、〔表3〕のとおり調査方法の大項目しか書かれていませんが、基準解説書には、〔表4〕のとおり具体的な調査方法の項目と概

〔表3〕　告示第1113号第1の内容

第1（地盤の許容応力度を求めるための地盤調査）	
一　ボーリング調査	六　物理探査
二　標準貫入試験	七　平板載荷試験
三　静的貫入試験	八　載荷試験
四　ベーン試験	九　くい打ち試験
五　土質試験	十　引抜き試験

81

第2編【各論】 地盤と基礎のQ&A

〔表4〕 地盤調査方法とその概要

告示第1113号第1 号 名称	対応調査名称（試験基準）	調査法の概要
一 ボーリング調査	ボーリング（特になし）	各種原位置試験を実施するための試験孔を提供する。コア状試料を採取することもある。
二 標準貫入試験	標準貫入試験（JIS）	中空円筒形のサンプラーを地盤に動的貫入し、土質試料を採取するとともにN値を測定する。採取した試料は土質観察の後、物理試験にも利用される。
三 静的貫入試験	スウェーデン式サウンディング試験（JIS）	スクリューポイントの地盤への回転貫入により、地盤の相対的な硬さ・締まり具合を調べる試験。深さ10m程度の軟弱層が調査対象。
	コーン貫入試験（JIS、JGS）	先端コーンの地盤への静的貫入により地盤の相対的な硬さ・締まり具合を調べる試験。
四 ベーン試験	ベーン試験（JIS）	ボーリング孔を利用して超軟弱地盤のせん断強度を求める試験。
五 土質試験	物理試験 力学試験 動的試験（JIS、JGS）	物理試験は、地層の判別・分類、力学試験の評価に利用。力学試験は、強度変形特性試験、圧密特性試験、動的試験には液状化試験、動的変形試験がある。
六 物理探査	PS検層（JGS）	発生させた弾性波の伝達時間により地盤各層のS波速度、P波速度を求める試験。
	表面波探査（特になし）	バイブレータ等により地表面に振動または衝撃を与え、発生した表面波を受振器で測定し、地盤のS波速度構造を推定する。
七 平板載荷試験	地盤の平板載荷試験（JGS）	直径30cmの円形載荷板を用いて、地盤の荷重〜沈下量関係を測定し、地盤の許容応力度、地盤反力を求める試験。
八 載荷試験	孔内水平載荷試験（JGS）	ボーリング孔内にゴム製の測定管を挿入して土の応力〜ひずみ関係を測定し、水平方向の地盤の変形係数を求める。
	杭の鉛直・水平載荷試験（JGS）	鉛直試験には、杭の押し込み試験、杭の急速載荷試験、杭の衝撃載荷試験がある。
九 杭打ち試験	杭打ち試験（AIJ）	杭頭に重錘を自由落下させ、測定したリバウンド量から杭打ち公式により杭の許容支持力を算定する。
十 引き抜き試験	引き抜き試験（JGS、AIJ）	杭の引き抜き試験と建築地盤アンカーの引き抜き試験がある。
告示記載外	サンプリング（JGS）	土質や硬さ・締まり具合によりシンウォール、チューブサンプラー、二重管あるいは三重管式のサンプラーを用いる。
	動的コーン貫入試験（JGS）	打撃仕様により大型、中型などがある。地盤構造の把握、支持層の不陸の確認などに使用される。

※JIS：日本工業規格、JGS：地盤工学会基準、AIJ：日本建築学会規準

第5章　地盤の長期許容応力度の算定（告示第1113号）

要が記載されています。

　告示第1113号第2に示された3つの式（〔表5〕参照）で地盤の長期許容応力度を求めるにあたって、必要な地盤定数を設定する際の基本は推定式を挟まずに、告示第1113号第1に示された地盤調査・試験方法の結果から得られた値で地盤定数を設定することです。そのような観点で告示第1113号第2に示された3つの式ごとの地盤調査・方法を〔表6〕～〔表8〕に示しました。

参考：地盤工学会編『地盤材料試験の方法と解説』（2009年）。

〔表5〕　告示第1113号第2の内容

第2（地盤の長期許容応力度を定める方法）
式(1)　$q_a = 1/3 \times (i_c\,\alpha\,cN_c + i_\gamma\,\beta\,\gamma_1 BN_\gamma + i_q\,\gamma_2\,D_f N_q)$
式(2)　$q_a = q_t + 1/3 \times N'\gamma_2\,D_f$
式(3)　$q_a = 30 + 0.6Nsw$
※短期許容応力度を定める式は省略

第2編【各論】 地盤と基礎のQ&A

〔表6〕 告示第1113号第2(1)式を用いた告示第1113号に準拠した方法

	入力地盤定数	単位	告示第1113号第1		調査・試験方法※	備考
c	地盤の粘着力	kN/㎡	五	土質試験	土の一軸圧縮試験（JIS A 1216）	土の採取必要
					土の三軸圧縮試験（JGS 0521〜0524）	
			三	静的貫入試験	ポータブルコーン貫入試験（JGS 1431）	
					機械式コーン貫入試験（JIS A 1220）	
			四	ベーン試験	原位置ベーンせん断試験方法（JGS 1411）	
N_c	支持力係数	無次元	五	土質試験	土の三軸圧縮試験（JGS 0521〜0524）	土の採取必要
					土の一面せん断試験（JGS 0560、0561）	
γ_1	地盤の湿潤単位体積重量（水中単位体積重量）	kN/㎡	五	土質試験	土の湿潤密度試験方法（JIS A 1225）	
N_γ	支持力係数	無次元	五	土質試験	土の三軸圧縮試験（JGS 0521〜0524）	
					土の一面せん断試験（JGS 0560、0561）	
γ_2	地盤の湿潤単位体積重量（水中単位体積重量）	kN/㎡	五	土質試験	土の湿潤密度試験方法（JIS A 1225）	
N_q	支持力係数	無次元	五	土質試験	土の三軸圧縮試験（JGS 0521〜0524）	
					土の一面せん断試験（JGS 0560、0561）	

※参考：建築行政情報センター・日本建築防災協会編『建築物の構造関係技術基準解説書〔2015年版〕』552〜563頁（2015年）、地盤工学会編『地盤調査の方法と解説』（2013年）。

84

第5章　地盤の長期許容応力度の算定（告示第1113号）

Q22

〔表7〕　告示第1113号第2(2)式を用いた告示第1113号に準拠した方法

	入力地盤定数	単位	告示第1113号第1	調査・試験方法※	備考
q_t	地盤の許容応力度	kN/m²	七　平板載荷試験	平板載荷試験方法（JGS 1521）	
N'	地盤の種類別係数	無次元	告示収録表	−	
γ_2	地盤の湿潤単位体積重量（水中単位体積重量）	kN/m³	五　土質試験	土の湿潤密度試験方法（JIS A 1225）	土の採取必要
				砂置換法による現場密度試験方法（JIS A 1214）	

※参考：建築行政情報センター・日本建築防災協会編『建築物の構造関係技術基準解説書〔2015年版〕』552 〜 563頁（2015年）、地盤工学会編『地盤調査の方法と解説』（2013年）。

〔表8〕　告示第1113号第2(3)式を用いた告示第1113号に準拠した方法

	入力地盤定数	単位	告示第1113号第1	調査・試験方法※	備考
Nsw	静的貫入抵抗	無次元	三　静的貫入試験	スウェーデン式サウンディング試験方法（JIS A 1221）	Nsw>0

※参考：建築行政情報センター・日本建築防災協会編『建築物の構造関係技術基準解説書〔2015年版〕』552 〜 563頁（2015年）、地盤工学会編『地盤調査の方法と解説』（2013年）。

第2編【各論】 地盤と基礎のQ&A

Q23

Q23 平成13年国土交通省告示第1113号第2では地盤調査の結果に基づき地盤の長期許容応力度を求める方法として3つの式〔(1)式、(2)式、(3)式〕を定めていますが、なぜ、3つの式が必要なのでしょうか？それぞれの式にどのような特徴があるのでしょうか？

A 直接的に地盤の長期許容応力度を求める地盤調査方法としては、平板載荷試験を行い、告示第1113号第2の第(2)式を使うのが、理論的に明解で最もわかりやすいです。ところが、載荷試験は、載荷板の直径が30cmということもあり、表層のせいぜい深さ50cmまでの地盤状況しか反映していないという制約条件があります。

そこで、建物荷重の傾斜、その他個別の条件を考慮する方法として第2の第(1)式が示されています。また、戸建て住宅等で簡便に地盤の長期許容応力度を求める方法として第(3)式が示されています。しかし、この第(3)式は簡便ゆえに適用範囲は限られています。

解 説 告示第1113号第2の式をQ22の〔表5〕に示します。
第(1)式は、基本は古典的なテルツァーギの支持力公式で、建物荷重の傾斜、基礎の形状、地盤種別、根入れ効果など、個別条件を考慮できる式となっています。各種の個別条件を加味できることが最大の特徴です。

第(2)式は、直接法なので理論的にわかりやすいので、地盤条件が一様で基礎形状が正方形に近似できる場合等においては最適ですが、地盤条件が複雑で、基礎形状が正方形には近似しがたい場合等では、評価が難しくなる場合があります。

第(3)式は、戸建て住宅等で、地盤の許容応力度を簡便に評価したいというニーズから平成13年度に導入された手法です。簡便法の意味を理解して使

86

第5章 地盤の長期許容応力度の算定（告示第1113号）

えば、極めて便利な手法ですが、簡便法（専門知識と経験で使いこなす方法、かつ誤差を伴う概略値）の意味を履き違えて使うと、間違いのもととなるので注意が必要です。

第2編【各論】 地盤と基礎のQ&A

Q24　スウェーデン式サウンディング（SWS）試験で得られたデータを用いて平成13年国土交通省告示第1113号第2⑴式にあてはめて地盤の長期許容応力度を求めることはできるのでしょうか？　同⑴式は地盤調査方法としてSWS試験を想定しているのでしょうか？

A 方法論としてはあり得ますが、必ずしも告示の主旨に則った方法とはいえません。告示では、⑴式を使う場合の地盤調査方法としてSWS試験は想定していないと考えるべきです。

解　説　平成13年国土交通省告示第1113号の前身は昭和46年建設省告示第111号です。告示第111号の時には、⑴式としてテルツァーギの支持力公式、⑵式として平板載荷試験の式の2つの式しか収録されていませんでした。したがって、告示第111号の時代においては、⑴式を用いる時の粘着力 c や内部摩擦角 φ を推定する手段としてSWS試験結果を用いるのは、便法として、あるいは技術者判断としてあり得ました。

　ただし、平成13年国土交通省告示第1113号に更新されて以降は、⑶式としてSWS試験結果から直接、地盤の長期許容応力度が求められるようになったので、推定を挟まずに地盤の長期許容応力度を計算できる⑶式があるにもかかわらず、多くの推定を重ねなければ、地盤の長期許容応力度を計算できない⑴式をあえて使うことは、恣意的と判断されかねません。

第5章 地盤の長期許容応力度の算定（告示第1113号）

> Q25 平成13年国土交通省告示第1113号第2(3)式に示されたスウェーデン式サウンディング（SWS）試験結果から地盤の長期許容応力度を求める式によれば、30kN/㎡以上の地盤しか評価できないようになっています。30kN/㎡以下の地盤はどのように評価すればよいのでしょうか？

  30kN/㎡以下の地盤については、基本的には告示第1113号第2の(1)式もしくは第2の(2)式を使う方法が基本です。

解説　告示第1113号第2の(1)～(3)式の、それぞれを使う場合の適用範囲、適用条件、および主な調査・試験方法を〔表9〕にまとめました。これより告示第1113号第2の(1)式を使うには、①調査ボーリングと室内土質試験の組合せ、②機械式コーン貫入試験（JIS A 1220）、③ポータブルコーン貫入試験（JGS 1431）、④原位置ベーンせん断試験方法（JGS 1411）、告示第1113号第2の(2)式を使う方法には、⑤平板載荷試験方法（JGS 1521）が主体となります。告示第1113号第2の(3)式を使う方法は、SWS試験（JIS A 1221）が主体となりますが、SWS試験方法の特質を考えると、30kN/㎡以下の地盤は適用範囲外と考えるべきです。

SWS試験から求めた換算N値から第2の(1)式を用いて長期許容応力度を求めることは、Q24の解説にあるようによくありません。

第2編【各論】 地盤と基礎のQ&A

〔表9〕 告示第1113号に準拠した方法の範囲内で地盤の長期許容応力度を求めるための式（第2）と調査方法（第1）の組合せ

告示第1113号第2	適用範囲	適用条件	告示第1113号第1		主な調査・試験方法※
式(1)	すべての地盤に適用可	適用範囲内	一	ボーリング調査	土質試料の採取（JGS 1221、1222、他）土の一軸圧縮試験（JIS A 1216）土の三軸圧縮試験（JGS 0521～0524）土の一面せん断試験（JGS 0560、0561）土の湿潤密度試験方法（JIS A 1225）
			五	土質試験	
			三	静的貫入試験	ポータブルコーン貫入試験（JGS 1431）
					機械式コーン貫入試験（JIS A 1220）
			四	ベーン試験	原位置ベーンせん断試験方法（JGS 1411）
式(2)	均質地盤、下位の地層ほど良質地盤	適用範囲内	七	平板載荷試験	平板載荷試験方法（JGS 1521）
		適用範囲外の地盤⇒式(1)	一	ボーリング調査	上記、式(1)の欄参照
			五	土質試験	
			三	静的貫入試験	スウェーデン式サウンディング試験方法（JIS A 1221）
					ポータブルコーン貫入試験（JGS 1431）
					機械式コーン貫入試験（JIS A 1220）
式(3)	概ね30kN/㎡以上の地盤	適用範囲内	三	静的貫入試験	スウェーデン式サウンディング試験方法（JIS A 1221）
		適用範囲外の地盤⇒式(1)	三	静的貫入試験	ポータブルコーン貫入試験（JGS 1431）
					機械式コーン貫入試験（JIS A 1220）
			四	ベーン試験	原位置ベーンせん断試験方法（JGS 1411）

※参考：建築行政情報センター・日本建築防災協会編『建築物の構造関係技術基準解説書〔2015年版〕』552～563頁（2015年）、地盤工学会編『地盤調査の方法と解説』（2013年）、地盤工学会編『地盤材料試験の方法と解説』（2009年）。

第5章　地盤の長期許容応力度の算定（告示第1113号）

Q26

Q26　平成13年国土交通省告示第1113号の第2には、「基礎の底部から
　　　下方2m以内に荷重1kN以下で自沈する層が存在する場合、もし
　　　くは基礎の底部から下方2mを超え5m以内に荷重500N以下で自
　　　沈する層が存在する場合は、建築物または建築物の部分に有害な損
　　　傷、変形および沈下が生じないことを確かめなければならない」と
　　　規定しています。これを「確かめる」方法とは、どのようなものが
　　　ありますか？　また、5m以深に自沈層がある場合、有害な損傷、
　　　変形および沈下が生じないことを確かめる必要はないのでしょう
　　　か？

A 「確かめる」方法として、平板載荷試験やボーリング調査に基づく
原位置試験や室内土質試験があります。つまり、自沈層の地盤特性（強
度・変形特性）を深度方向にきちんと把握・評価して支持力と沈下が許容値
以内であることを確かめます。また、下方5m以深に自沈層がある場合は、
実際の基礎幅と接地圧による影響範囲が5m以深にも及ぶかどうかを検討し
て及ぶことがわかれば、その層の強度・変形特性の把握・評価が必要となり
ます。

解説　沈下量を簡易に算出する標準的な方法は確立していません
が、比較的簡易にできる方法を参考までに、以下に例示します。

1　平板載荷試験による方法

　平板載荷試験自体が荷重と沈下量関係を直接求める試験なので、原理的
には最もシンプルですが、30cmの載荷板での試験ですので、せいぜい深さ
50cm程度のごく表層地盤だけの評価にとどまってしまいます。それ以深の
地盤が均質かつ同等の地盤特性と評価（仮定）できる場合に適用できます。

91

第2編【各論】 地盤と基礎のQ&A

2 砂質土地盤の場合

砂質土地盤では、以下の4つの方法で沈下量を求めることができます。

① 調査ボーリングと孔内載荷試験で地盤の変形係数を求めて、弾性理論で沈下量を求めることができます。

② 調査ボーリングと室内土質試験（三軸圧縮CD試験）から変形係数を推定して、弾性理論で沈下量を求めることができます。

③ 調査ボーリングと標準貫入試験のN値から変形係数を求めて、弾性理論で沈下量を求めることができます。

④ 調査ボーリングと標準貫入試験のN値から簡易沈下量推定式を利用して、沈下量を推定することができます。

3 粘性土地盤の場合

粘性土地盤では、以下の2つの方法で沈下量を求めることができます。

① 調査ボーリングと室内土質試験（圧密試験）からe-logp関係、圧縮指数Cc、体積圧縮係数mv等を求めて、圧密理論で沈下量を求めることができます。

② 調査ボーリングと標準貫入試験のN値から簡易沈下量推定式を利用して、沈下量を推定することができます。

4 推定式を組み合わせる方法

各種推定式を組み合わせて沈下量を求める方法もありますが、あくまでも目安ということになります。また、スウェーデン式サウンディング（SWS）試験で沈下（変形）を確かめることはできません。

92

第5章　地盤の長期許容応力度の算定（告示第1113号）

Q27

Q27　スウェーデン式サウンディング（SWS）試験結果から粘着力cや
内部摩擦角φを推定して、その値を用いて平成13年国土交通省告
示第1113号第2⑴式「テルツァーギの修正支持力式」で地盤の長期
許容応力度を求めてもよいでしょうか？

A SWS試験結果を用いて告示第1113号第2⑴式で地盤の長期許容応
力度を求めることは勧められません。SWS試験を実施した場合には、
あくまでも告示第1113号第2⑶式を使うのが基本です。

解　説　この設問には2つのポイントがあります。まず1つ目のポ
イントは、告示第1113号が通知された平成13年7月2日を境
に事情が異なります。平成13年7月以前は、SWS試験結果から粘着力cや
内部摩擦各φを推定し、その値を用いて「テルツァーギの修正支持力式」で
地盤の長期許容応力度を求めることが方法論としてあり得ました。ただし、
平成13年7月以降はSWS試験を実施した場合は告示第1113号第2⑶式を用
いて地盤の長期許容応力度を求めることになりました。

　2つめのポイントは、計算に必要な地盤定数を推定で使うことは工学的方
法論としてはあり得ますが、その場合は、たとえ計算式として告示式を用い
ても、「告示第1113号に基づいて算出」とは評価できず、あくまでも担当技
術者の責任のもとでの算出となります。

【参考・引用文献】
1　建築行政情報センター・日本建築防災協会編『建築物の構造関係技術基準解説書〔2015
　年版〕』552〜563頁（2015年）

93

Q28 盛土地盤の長期許容応力度を求める際、砂や粘土の相関から導かれた式を用いてもよいのでしょうか？

盛土地盤は、素材が砂や粘土であっても、個々にできあがりの状態が異なりますので、自然地盤における砂や粘土の関係は、そのままはあてはまらないことが多いのです。したがって、推定式の適用については、専門技術者の判断に委ねる必要があります。

解説 　稲田によるWsw、NswとN値・quとの関係式を以下に示し、また、その基となった相関図を〈図15〉と〈図16〉に示します。

≪レキ、砂、砂質土、砂レキ、レキ混じり砂質土の場合≫
$N = 0.02 \cdot Wsw + 0.067 \cdot Nsw$ 　〔ただし、N値に±1.5〜4の誤差〕
≪粘土、粘性土、レキ混じり粘土、レキ混じり粘性土の場合≫
$N = 0.03 \cdot Wsw + 0.05 \cdot Nsw$ 　〔ただし、N値に±3の誤差〕

ここで、N：標準貫入試験のN値（回）
Wsw：スウェーデン式サウンディング（SWS）試験で定義された静的貫入抵抗（自沈に対応する荷重）（kg）
Nsw：SWS試験で定義された静的貫入抵抗（貫入量1mあたりの半回転数）（回）

稲田は、上記式を提案した論文中で、この式のN値とWsw・Nswとの相関について、「土質の相違によってもまた試験方法に固有な誤差によっても相

1　稲田倍穂「スエーデン式サウンディング試験結果の使用について」土と基礎8巻1号13〜18頁（1960年）。

関性が支配されるので、正確なWsw ～ N値またはNsw ～ N値の関係は求め難い」、「砂質土では大略±1.5回～±4回、粘土質の土では大略±3回程度の誤差があるものと判断しておかなければならない」と注記しています。換算N値と呼称したとしても一義的に数値が求まっているのではなく、あくまでも誤差範囲を伴って推定されるということに留意しなければなりません。SWS試験結果のWswやNswから推定したN値やquは、あくまでも推定値であって答ではありません。

　このことからも、Wsw・Nswから推定したN値の工学的利用方法としては、推定された誤差範囲の中間値である換算N値は、目安として概略検討に、誤差範囲の最小値を安全側配慮からの設計値として構造計算等に利用しています。目安としての概略値を、設計に用いるのは危険側設計になるので避けなければなりません。

　このように、推定値は幅で求められるとともに、盛土のように典型的な砂地盤と粘土地盤とはいいがたい地盤での推定精度は低いという事情も重なりますので、盛土地盤を対象に、推定N値を設計計算に用いるときは、推定幅の下限値を採用する等の配慮は欠かせません。

　以下に、稲田によるquとWsw・Nswとの相関式を示しますが、土質によって相関性にばらつきと誤差が伴う事情は、N値の場合と同様です。

≪Wsw＞50kgかつNsw＜100回の範囲にある粘土または粘性土の場合≫

qu（kg/cm²）＝0.0045・Wsw（kg）＋0.0075・Nsw（回）　〔ただし、±0.2 kg/cm²〕

ここで、qu：一軸圧縮強さ（kg/cm²）〔注：0.1 kg/cm²＝1.0t/m²、単位は原典のまま旧単位系で表記〕

第2編【各論】 地盤と基礎のQ&A

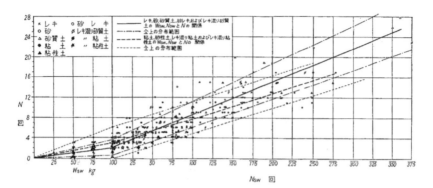

〈図15〉　Wsw～NとNsw～Nの概略の相関関係

出典：稲田・前掲論文（注1）

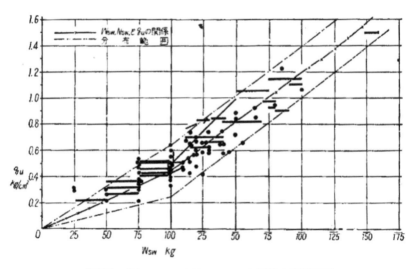

〈図16〉　Wsw～quとNsw～quの概略の相関関係

出典：稲田・前掲論文（注1）

第5章　地盤の長期許容応力度の算定（告示第1113号）

7　単位の変遷

　従来、世界各国ではメートル系、ヤード・ポンド系などの独自の単位が使われてきました。また、メートル系においてもMKS系、CGS系、重力系などが混用されていました。これらを統一したものがSI単位系（国際単位系）です。なお、SIとはフランス語"Systeme international d'unites"の頭文字をとったものです。

　それでは、なぜSI単位系が必要か。その理由は以下のとおりです。

①　世界各国でSI単位を採用するため、貿易などで単位に関して問題がなくなる。

②　SI単位は一量一単位であるため、従来の単位より合理的で便利である。

　日本では、1885年（明治18年）にメートル条約に加入し、1891年（明治24年）施行の度量衡法で尺貫法と併用することになり、1951年（昭和26年）施行の計量法で一部の例外を除きメートル法の使用が義務づけられました。1991年（平成3年）には日本工業規格（JIS）が完全に国際単位系準拠となり、JIS Z 8203「国際単位系（SI）及びその使い方」が規定されました。

　国際単位系（SI）は、メートル条約に基づきメートル法の中で広く使用されていたMKS単位系（長さの単位にメートル（m）、質量の単位にキログラム（kg）、時間の単位に秒（s）を用い、この3つの単位の組合せでいろいろな量の単位を表現していたもの）を拡張したものです。現在では、世界のほとんどの国で合法的に使用でき、多くの国で使用することが義務づけられています。しかし、アメリカなどの一部の国では、それまで使用していた単位系の単位を使用することも認められています。

　〔表〕に、主要単位の従来単位からSI単位への変換を示します。

〔表〕 従来単位とSI単位

	従来単位	従来単位をSI単位へ換算する際の掛率	SI単位
力	kgf	9.806	N
モーメント	kgf・cm	9.806×10^{-2}	N・m
圧力	kgf/cm²	9.806×10^{4}	Pa
	atm	1.013×10^{5}	Pa
	mmHg	1.333×10^{2}	Pa
応力	kgf/cm²	9.806×10^{4}	Pa
加速度	G	9.806	m/s²
体積	cc	10^{-6}	m³

注（読み方）：N（ニュートン）、Pa（パスカル）

2015年ネパール地震の宅地被害の例（稲垣秀輝撮影）

第6章　その他

Q29

第6章　その他

Q29　少し専門的な質問になってしまいますが、日本建築学会の「小規模建築物基礎設計指針」[1]では、許容沈下量が即時沈下では最大4cm（布基礎）、6～8cm（べた基礎）、圧密沈下では最大値20cmとされています。どのような理由でこれらの沈下量が定められたのでしょうか？

A 　同指針85頁表5.5.4（以下、「小規模指針表－1」といいます。〔表10〕参照）は、同学会の「建築基礎構造設計指針〔1988年版〕」[2]を引用したもので、中規模以上の非木造建物の沈下実態調査から求められた許容値です。このため、戸建て住宅などの小規模建築物においては過大であるとの意見があります。「建築基礎構造設計指針〔2001年版〕」[3]には木造建物の許容値が示されていますので、戸建て木造住宅などではこの表を参考にするのが安全側であると考えられます。

解説　「小規模指針表－1」の出典は、前述のとおり、「建築基礎構造設計指針〔1988年版〕」ですが、その元出典は芳賀教授らによる地盤工学会誌「土と基礎」で発表された報文[4]です。その詳細を報告した『中国地方の建物の不同沈下と障害'90』[5]によると、鉄骨および鉄筋コンクリー

1　日本建築学会編著『小規模建築物基礎設計指針』(2008年)。
2　日本建築学会編著『建築基礎構造設計指針──1988改定』(1988年)。
3　日本建築学会編著『建築基礎構造設計指針〔第2版〕──2001改定』(2001年)。
4　松浦誠＝芳賀保夫「建築物の不同沈下の実態(その1)」土と基礎25巻1号75頁以下(1977年)。
5　中国地方基礎地盤研究会編『中国地方の建物の不同沈下と障害'90』(1991年)。

99

[表10] 許容沈下量（総沈下量）の参考値（cm）

沈下の種類	即時沈下		圧密沈下	
基礎形式	布基礎	べた基礎	布基礎	べた基礎
標準値	2.5	3〜(4)	10	10〜(15)
最大値	4	6〜(8)	20	20〜(30)

（ ）は2重スラブなど十分剛性の大きい場合
出典：日本建築学会編著『小規模建築物基礎設計指針』（2008年）

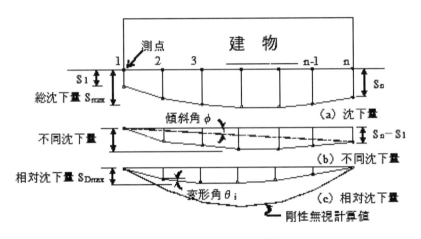

〈図17〉 各種沈下量の説明

出典：日本建築学会編著『建築基礎構造設計指針〔第2版〕——2001改定』（2001年）

ト造等の長辺12.6〜68.4m程度の中大規模の既存建築物374棟の実態調査から、壁のひび割れなどの損傷状況と、〈図17〉に示す相対沈下量S_Dと変形角θとの関係を分析し報告しています。

ただし、圧密沈下量（総沈下量S_{max}）の許容値は、圧密計算による計算上の総沈下量S_{max}と実測の相対沈下量の最大値S_{Dmax}の関係（たとえば、RC造布基礎では$S_{max} \fallingdotseq 5S_{Dmax} \fallingdotseq 5000\theta_{max}$）から求められた値です。また、即時沈下時の相対沈下量はクリープ沈下の1/3程度であり、総沈下量は相対沈下量の3倍程度であるとの考えから、即時沈下時の総沈下量S_{max}の許容値は圧密沈下時

第6章　その他

〔表11〕　許容沈下量（不同沈下量）の参考値（cm）

沈下の種類	即時沈下		圧密沈下	
基礎形式	布基礎	べた基礎	布基礎	べた基礎
標準値	1.5	1.5※	2.5	2.5 ～ (5.0)
最大値	2.5	2.5※	5.0	5.0 ～ (10.0)

・全体の傾斜角は標準で1/1000、最大で2/1000 ～（3/1000）以下
・（　）は2重スラブなど十分剛性の大きい場合
※（筆者加筆）
　シングル配筋の多い住宅べた基礎の不具合程度は布基礎と比べて大きな差が生じないため（筆者調べ）、圧密沈下と同様に布基礎と同値を与えた。
出典：日本建築学会編著『建築基礎構造設計指針〔第2版〕──2001改定』（2001年）

の相対沈下量S_{Dmax}と同程度としています。このことから、これら許容値は必ずしも直接の実測によるものではないようです。

　なお、許容値の「標準値」は0.2mm程度のひび割れが発生する限界値、「最大値」は1mm程度の補修を要するようなひび割れとなる限界値と定義し、このときの傾斜（変形角θ）はそれぞれ1/1000、3/1000に相当するとされています。

　以上が、「小規模指針表−1」が設定された背景ですが、直接基礎の場合、配管の取り込み部の不具合などを除けば、本来、総沈下量自体は建物の不具合に直接関係しないものの、計画時点において、変形角や相対沈下量を精度よく求めることは難しいため、総沈下量が大きくなれば損傷の原因となる変形角や相対沈下量も大きくなるとの考えから総沈下量を規定しているものです。ただし、これらは、戸建て住宅などの小規模建築物に比べて規模の大きな建物の実態調査に基づくものである点に注意が必要です。

　一方、「建築基礎構造設計指針〔2001年版〕」には、新たに〔表11〕に示す木造建物の総沈下量の限界値（許容値）が示されています。この出典も芳賀教

101

第2編【各論】　地盤と基礎のQ&A

授による地盤工学会誌「土と基礎」41巻11号で発表された報文[6]で、宅地造成や建設工事による沈下障害などの木造建物333棟の実態調査に基づくものです。このうち即時沈下量の許容値は、建設工事の障害事例から求められた値であり、影響範囲が狭くS_1はごく小さいため不同沈下量≒総沈下量S_{max}として扱っています。また、不具合は一様な沈下ではなく不同沈下によるものですから、圧密沈下量も同様に扱うことができると考えられます。このように〔表11〕の値は、一様な沈下を含む総沈下量でなく不同沈下量として扱うのが適当と考えられます。

　戸建て住宅などの小規模建築物の沈下を考える場合、建物の不具合程度との関係においては、大きな建物を想定した「小規模指針表－1」は過大であると考えられ、〔表11〕の値を不同沈下量として用いたほうが安全側と考えられます。また一方で、配管の不具合など、地盤の沈下量自体を考える場合には、建物規模の違いはあまり生じないと考えられますので、「小規模指針表－1」も参考になると考えられます。

6　芳賀保夫「木造建物の不同沈下と障害」土と基礎41巻11号59頁以下（1993年）。

第6章　その他

Q30

> Q30　スウェーデン式サウンディング（SWS）試験の際、地中障害物な
> どで途中までしか地盤調査ができなかった場合にはどのような処置
> が必要でしょうか？

A 障害物があっても本来の目的を達成する必要があります。処置と
しては、打撃を加えて避ける、地点を変える、障害物が大きければ
これの分布範囲を調べる、障害物の下部地盤まで調べるなど、状況に応じた
対応が必要となります。

解説　戸建て住宅の地盤調査方法がSWS試験等の簡易調査の場
合、調査中に礫・玉石等に遭遇すると、その時点で空転・貫
入不能となり調査が継続できなくなる場合があります。障害物は自然地盤に
おいては礫・玉石などがあり、盛土地盤ではこれらのほかにコンクリート片、
ガラ、グリ石等が該当します。地盤調査において目的とする深度まで調査を
行うためには、下記のような処置が必要となります。

① SWSは1kNの荷重をかけて先端部のスクリューポイントを回転貫入
させる試験です。少し、手荒いですがいくつかの重りを持ち上げ、これ
を下の重りもしくはロッド頂部に叩きつけ、打撃により障害物をかわす
方法があります。地盤全体が緩く、障害物の端部にスクリューポイント
先端があたっている場合であれば、打撃を加えることで障害物をかわせ
る場合があるので、ぜひチャレンジしてください。しかし、いくら打撃
を加えても貫入せず跳ね返る場合は、障害物のど真ん中にあたっている
と解釈し、直ちに②に示すように調査地点の変更が必要です。

② 礫や玉石、ガラ等が点在程度である場合は、調査位置を少しずらせる
ことでこれが回避できます。SWSは機動力のある簡易な調査ですので、
目的とする地点付近で障害物に遭遇しても悲観的にならず、とことん地

103

点変更すべきです。

③　しかし、いくら地点を変えても一定の深度に障害物がある場合は、障害物の広範囲な分布が予想されます。敷地内にどれぐらいこれが広がっているのかは、基礎の設計や工事を行うためには重要事項となります。敷地内では適当な間隔で簡易調査を行って、障害物の種類、深度、厚み、面的な広がり範囲を絞り込んでいく必要があります。

④　障害物の広がりがわかっても、この直下の地盤情報の入手は必要です。比較的浅い位置に薄く障害物がある場合、開削して障害物を撤去する方法が考えられます。一方、深い場合は覚悟を決めてこれをくり抜いて直下の地盤を調べなければなりませんが、この場合は別途費用がかかるボーリング調査となります。ボーリングが必要かどうかは専門家の判断となりますが、現場作業時点における判断としては、障害物をまたいだ両サイドで必ず所定深度まで調査を行う必要があります。

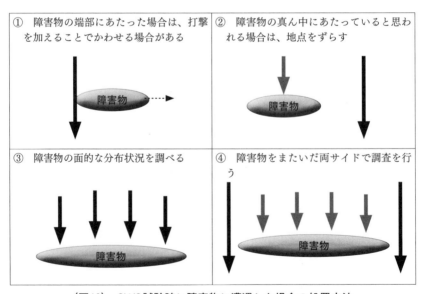

〈図18〉　SWS試験時に障害物に遭遇した場合の処置方法

第6章　その他

Q31

Q31　丘陵地に開発された宅地分譲のための大規模造成地の土地を購入して、住居を新築予定です。建物が切土部と盛土部とにまたがって建築されるようですが、建築予定範囲の4隅と真ん中の5カ所でスウェーデン式サウンディング試験を実施したところ、いずれも30kN/m²を上回る許容応力度が得られたので、基礎形式は布基礎で計画していると工務店の担当者から聞きました。問題ないでしょうか？

A　切土部と盛土部とにまたがって建築することは、建築基準法施行令38条2項で原則禁止されている異種基礎の併用に抵触する可能性があります。除外規定もありますので、一概に不適合とはいえませんが、地盤の専門家によるセカンドオピニオンを依頼することをお勧めします。

解　説　建築基準法施行令38条1項～4項を以下に示します。

建築基準法施行令　　第3章　構造強度　　第2節　構造部材等
（基礎）
第38条　建築物の基礎は、建築物に作用する荷重及び外力を安全に地盤に伝え、かつ、地盤の沈下又は変形に対して構造耐力上安全なものとしなければならない。
2　建築物には、異なる構造方法による基礎を併用してはならない。
3　建築物の基礎の構造は、建築物の構造、形態及び地盤の状況を考慮して国土交通大臣が定めた構造方法を用いるものとしなければならない。この場合において、高さ13メートル又は延べ面積3000平方メートルを超える建築物で、当該建築物に作用する荷重が最下階の床面積

105

1平方メートルにつき100キロニュートンを超えるものにあつては、基礎の底部（基礎ぐいを使用する場合にあつては、当該基礎ぐいの先端）を良好な地盤に達することとしなければならない。

4　前2項の規定は、建築物の基礎について国土交通大臣が定める基準に従つた構造計算によつて構造耐力上安全であることが確かめられた場合においては、適用しない。

5　打撃、圧力又は振動により設けられる基礎ぐいは、それを設ける際に作用する打撃力その他の外力に対して構造耐力上安全なものでなければならない。

6　建築物の基礎に木ぐいを使用する場合においては、その木ぐいは、平家建の木造の建築物に使用する場合を除き、常水面下にあるようにしなければならない。

　建築基準法施行令38条の趣旨は、2項によって原則異種基礎併用の禁止をうたい、4項で異種基礎採用の条件として、構造耐力上安全であることの検証を義務づけています（なお、単位記載は条文どおり）。

　ここで、異種基礎併用の範囲を『建築物の構造関係技術基準解説書〔2015年版〕』[1]では、〔表12〕および〈図19〉に示す4つのパターンを示しています。

　異種基礎併用の禁止の趣旨は、1つの同一構造物を複数の異なる支持機構で支えてはならないということです。支持機構を規定するのは、①支持地盤種別、②基礎形式、③支持力発揮機構（底面もしくは先端支持、周面摩擦力）の組合せです。

　設問の「建物が切土部と盛土部とにまたがって建築」される場合は、〔表12〕および〈図19〉の②「土質あるいは地層の厚さに違いのある異質の地盤で支持する基礎」に該当します。このパターンは、造成地における地盤に起

1　建築行政情報センター・日本建築防災協会編『建築物の構造関係技術基準解説書〔2015年版〕』75 ～ 80頁（2015年）。

因した建築トラブルの代表格を占めており、許容支持力だけではなく、盛土構造の不規則性や盛土材料の不均質性を念頭においた変形に対する安全性の検証が必要となります。この検証の方法は切土・盛土条件によって異なりますので、地盤の専門家に相談する必要があります。

〔表12〕 異種基礎併用の例

図19の図番号	異種基礎併用の形態
①	杭あるいはケーソン基礎と直接基礎との併用
②	土質あるいは地層の厚さに違いのある異質の地盤で支持する基礎
③	支持杭と摩擦杭との併用
④	同じ杭基礎であっても、杭の材料あるいは施工方法に違いのあるくいの併用

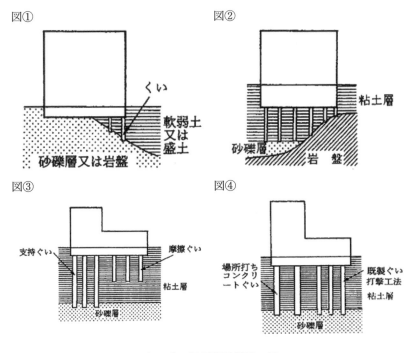

〈図19〉 異種基礎併用の例

第２編【各論】 地盤と基礎のQ&A

Q32

Q32　技術的な質問となりますが、スウェーデン式サウンディング
（SWS）試験結果から得られる換算N値の信頼度と有効数字はどの
程度か、専門的に教えてもらえませんか？

A SWS試験結果から得られる換算N値は、換算という呼び名ではあ
りますが推定値です。有効数字というよりもむしろ±の誤差付きの
表示もしくは範囲と理解すべきものです。

解説 換算N値には代表的なものだけでも全く意味の異なる３通
りあります。

① 日本建築学会が建築基礎構造設計指針で規定する拘束圧効果で補正し
た換算N値

② 「JIS A 1219標準貫入試験方法」で定義されたN値利用における実測
N値と換算N値

③ SWS試験装置メーカーが機械式SWS装置および自動記録印字装置を
開発した際に付加価値サービスとして付与した機能（仕様）としての「換
算N値」

以下、それぞれについて概説します。

1　日本建築学会が建築基礎構造設計指針で規定する拘束圧効果で補正した換算N値

建築基礎分野での「換算N値」は、下記２で解説する30cm換算N値とは異
なる定義で用いています。

日本建築学会編著『建築基礎構造設計指針──1988改定』（以下、「指針」と
いいます）165 ～ 167頁によれば、標準貫入試験で求めたN値を有効拘束圧（土
被り圧）にかかわる換算N値係数で補正したN値を換算N値（N 1）と定義し

108

第6章　その他

Q32

ています（下記参照）。

$Na = N_1 + \triangle Nf$　　　　　（1）式

$N_1 = CN \cdot N$

$CN = \sqrt{(10/\sigma z')}$

記号　Na：補正N値

N_1：換算N値

$\triangle Nf$：細粒分含有率に応じた補正N値増分（指針166頁の図4.5.2で求める）

CN：換算N値係数（$\sigma z'$の単位はt/㎡）

N：トンビ法または自動落下法による実測N値。ただし、コーンプーリー法を用いたときには、ロープをプーリーからはずして自由落下させる努力をした場合、1割程度、自由落下の努力をしなかった場合、2割程度割り引きます

また、上記の換算N値（N_1）の定義では、建築基礎分野でのN値の取扱い上極めて重要な記載があります。

①　N値は原則としてトンビ法と自動落下法で得ることを標準として位置づけています。

②　コーンプーリー法を用いた場合は実測N値を低減して用いることが規定（ロープをプーリーからはずして自由落下させる努力をした場合、1割程度、自由落下の努力をしなかった場合、2割程度割り引く）されています。

これらのことからもN値が誤差を伴う相対指標であることがわかります。

2　「JIS A 1219標準貫入試験方法」で定義されたN値利用における実測N値と換算N値

標準貫入試験で得たN値は、わが国の地盤分野の実務では「万能N値」と揶揄されるほど、多用されています。実務でN値を使う場合、以下の2通り

109

第2編【各論】 地盤と基礎のQ&A

に大別できます。

① 地盤の硬軟（粘性土の場合）・締まり程度（砂質土の場合）を相対的に評価するための相対指標

② 実用式を用いて支持力や沈下計算等の設計計算に用いる地盤定数

このうち、前者の①は定性的評価、後者の②は定量的評価に区分できます。

前者の①では、〔表13〕や〔表14〕のように、砂質土の場合は相対密度（緩い～密）、粘性土の場合はコンシステンシー（相対稠度、硬軟度）で区分評価するのが一般的です。さらに、Q28の〈図15〉のように相関図や頻度図等で統計処理する際に、数回の打撃で貫入量が30cmをオーバーしたとき、逆に50回の打撃で貫入量が30cmに満たなかった場合に、30cmあたりの打撃数に換算したN値を30cm換算N値〔もしくは単に換算N値〕と称して用いることがあります。

後者の②の設計で実用式等に入力するN値は、必ず実測したN値を用いるのが基本です。たとえば、杭の先端支持力を求める場合、式におけるN値の上限が60回になっていても、試験を50回で終えていた場合は、たとえ30cm換算N値が60回以上であっても、N値は50回としてしか使うことはできません。このような場合、換算N値に対して実測N値と呼んでいます。

〔表13〕 N値と砂の相対密度の関係

N値	相対密度 （Terzaghi・Peck）	現場判別法
0～4	非常に緩い (very loose)	鉄筋が容易に手で貫入
4～10	緩い (loose)	ショベル（スコップ）で掘削可能
10～30	中位の (medium)	鉄筋を5ポンドハンマで打込み容易
30～50	密な (dense)	同上、30cm程度貫入
>50	非常に密な (very dense)	同上、5～6cm貫入、掘削につるはし必要、打込み時金属音

注　鉄筋はφ13mm
出典：地盤工学会編『地盤調査の方法と解説』305頁（2013年）

110

〔表14〕 N値と粘土のコンシステンシー、一軸圧縮強さの関係

N値	qu (kN/㎡)	コンシステンシー
0〜2	0.0〜24.5	非常に柔らかい
2〜4	24.5〜49.1	柔らかい
4〜8	49.1〜98.1	中位の
8〜15	98.1〜196.2	硬い
15〜30	196.2〜392.4	非常に硬い
30〜	392.4〜	固結した

出典：地盤工学会編『地盤調査の方法と解説』305頁（2013年）

3 SWS試験装置メーカーが機械式SWS装置および自動記録印字装置を開発した際に付加価値サービスとして付与した機能（仕様）としての「換算N値」

SWS試験結果に表示されている「換算N値」は、SWS試験装置メーカーが機械式SWS装置および自動記録印字装置を開発した際の付加価値サービスとして付与した機能（仕様）であって、設計基準等で工学的・専門的・公的に定義された概念ではありませんので、公的図書や専門書等には、稲田式によってN値とSWS試験結果とに一定の関係が見出せるとの解説はあっても、SWS試験で「換算N値」が得られるとの表記は見当たりません。

すなわち、SWS試験で得られる「換算N値」は、実務サイドにとって非常に便利な定性的な概念（情報）ですが、設計レベルで使用できるような定量的評価に使えるような定数ではありません。

SWS試験結果に表示されている「換算N値」は、稲田式という相関式を用いて計算されています。稲田は標準貫入試験で得られるN値とSWS試験で得られるWsw・Nswとの間に土質ごとに一定の関係を見出し（Q28の〈図15〉参照）、その関係を次に示す土質別の回帰式で表しています。

1 稲田倍穂「スエーデン式サウンディング試験結果の使用について」土と基礎8巻1号13〜18頁（1960年）。

第2編【各論】 地盤と基礎のQ&A

≪礫、砂、砂質土、砂礫、礫混じり砂質土の場合≫

N（回）＝ 0.02・Wsw ＋ 0.067・Nsw

≪粘土、粘性土、礫混じり粘土、礫混じり粘性土の場合≫

N（回）＝ 0.03・Wsw ＋ 0.05・Nsw

ここで、N：標準貫入試験のN値（回）

Wsw：SWS試験で定義された静的貫入抵抗（自沈に対応する荷重）（kg）

Nsw：SWS試験で定義された静的貫入抵抗（貫入量1mあたりの半回転数）（回）

　稲田は、上記式を提案した論文中で、この式のN値とWsw・Nswとの相関について、「土質の相違によってもまた試験方法に固有な誤差によっても相関性が支配されるので正確なWsw～NまたはNsw～Nの関係は求め難い」、「砂質系統の土では大略±1.5回～±4回、粘土質の土では大略±3回程度の誤差があるものと判断しておかなければならない」と明記しています。

　このことから、SWS試験結果から推定するN値は、工学的には誤差表示（±$α$を付けて表記）もしくは範囲で表示すべきものであることがわかります。

　すなわち、稲田式でN値を推定するとすれば、Nsw＝0で1kN自沈の粘性土の場合の推定N値は3±3、すなわち0～6の範囲ということになります。

　この結果を使ってN値によって地盤を評価しようとすれば、安全側にとればN値は0ということになります。これがSWS試験から評価する換算N値の工学的意味です。

【参考・引用文献】

1　地盤工学会編『地盤調査の方法と解説』305頁、308頁（2013年）。

2　稲田倍穂「スエーデン式サウンディング試験結果の使用について」土と基礎8巻1号13～18頁（1960年）。

第6章　その他

Q 33

> Q33　地盤の液状化の検討で用いられる中規模地震動としての200gal
> の意味は何ですか？

A 　1995年の兵庫県南部地震で多くの液状化が発生し、最大加速度で350galが観測されました。このレベルの地震に対して大規模地震と定義し、それより小さい地震を中規模地震とした経緯があるようです。中規模地震としての200galの根拠は、数は少ないですが兵庫県南部地震より前に観測された地震の最大加速度が200gal程度であったことによるようです。

　なお、galとは地震の加速度を示しており、下記の換算となります。

　　1 G ＝ 980gal ＝ 980cm/s²

解　説　中規模地震動としての200galという根拠は、数は少ないのですが、液状化の発生地点や近傍の強震記録として1964年の新潟地震の新潟市川岸町で、1983年の日本海中部地震の八郎潟中央干拓堤防で、またアメリカ合衆国ではいくつかの地震についてカリフォルニア州インペリアルバレーで観測された例があり、これらを総合して200galとしたということが文献に書かれています。[1]

　さて、この文献が書かれた後、1995年に兵庫県南部地震が発生し、液状化が発生しました。液状化した地盤で観測された最大加速度は350galであり、その後に改訂された『建築基礎構造設計指針』[2]では、基礎構造物に求められる要求性能として3つの限界状態（使用限界状態、損傷限界状態、終局限界状態）を規定しました。それぞれに対応する荷重として、使用限界状態は日常的に作用する荷重を、損傷限界状態は1回～数回遭遇する荷重を、終局限界状態

1　日本建築学会編『建築耐震設計における保有耐力と変形性能』132 ～ 133頁（1990年）。
2　日本建築学会編著『建築基礎構造設計指針〔第2版〕──2001改定』16 ～ 24頁、64頁（2001年）。

113

は最大級の荷重としています。

　この兵庫県南部地震で200gal以上の観測記録が得られ、『建築基礎構造設計指針』では損傷限界状態に対応する200galを中規模地震、終局限界状態に対応する350galを大規模地震とする１つの基準にしたと考えられます。

　また、これらはあくまで最大加速度の値であり、『建築基礎構造設計指針』では地震動の長さや、200galや350gal相当の揺れの回数を地震マグニチュードMの補正係数として与えています。また、これらの加速度は地表面の加速度を指すのが一般的です。

神戸港震災メモリアルパーク（上野将司撮影）

第6章　その他

Q34

> Q34　少し難しい質問ですが、中規模地震としての200galを考慮して設計した場合、大規模地震に際しては、地盤の液状化の発生を抑えられないのでしょうか？

A　大規模地震は350gal相当の地震動と考えられています。中規模程度を想定して200galで液状化の発生を検討したとしても、350gal相当の地震で安全であるかどうかは保証されていません。大規模地震に対応するように検討することが必要であると思われます。

解説　2001年に改訂された日本建築学会編著『建築基礎構造設計指針〔第2版〕──2001改定』によると、1995年に発生した兵庫県南部地震を踏まえて、基礎構造物に求められる要求性能として3つの限界状態（使用限界状態、損傷限界状態、終局限界状態）を規定しています。それぞれに対応する荷重として、使用限界状態は日常的に作用する荷重を、損傷限界状態は1回〜数回遭遇する荷重を、終局限界状態は最大級の荷重としています。200galはその中の損傷限界状態を規定する荷重レベルと考えられます。大規模地震は終局限界状態レベル、指針では350galでの設計を推奨しています。

さて、地盤の液状化判定について少し説明をしたいと思います。液状化が発生するかしないかは次の式で判断します。

$$F_L = R / L \qquad (1)$$

ここで、Rは地盤そのものがもっている地震に対する抵抗力で、Lは地震によって地盤に発生する力です。もし、地震に対する抵抗力が地震で発生する力より大きければ、その地震に対して液状化はしない、ということになります。つまり、式(1)でF_Lが1より大きい場合は液状化しない、1より小さい場合は液状化する可能性がある、ということがわかります。さて、ここで

115

第2編【各論】 地盤と基礎のQ&A

200galで設計した場合と、大規模地震相当の350galで設計した場合で何が異なるか、というと、Lの大きさが異なります。大きな地震ほど地盤に発生する力が大きくなるので、200galに比べて350galのほうがLが大きくなります。200galでF_Lが1より上回っていたとしても、300galでは1を下回ることも考えられます。もちろん、元々地盤が強い抵抗力を持っていれば350galであってもF_Lは1を下回りません。

　200galで設計した場合には、350gal相当の大規模地震において液状化が発生しないことを保証できません。ですので、大規模地震で液状化が発生するかどうかは、やはり大規模地震相当の350galで検討することが望ましいと考えられます。

8　旧耐震と新耐震

　構造物や建物の設計で、旧耐震から用いられてきている設計用水平震度ｋ＝0.2という基準があります。一般的に地震動が繰り返し建物に作用しても、設計上は建物に水平に一定の荷重が作用した時にその建物が損傷しないかどうかを調べる震度法が用いられています。そのときに用いられる荷重は加速度×建物の重量とします。設計用水平震度ｋ＝0.2というのは１Ｇ（重力加速度）に対して0.2倍ということを意味しています。つまり、１Ｇ＝980galであるのでｋ＝0.2というのは正確には196galとなりますが、これを丸めて200galとしています。この200galに建物の重量をかけて水平荷重として建物の水平耐力を検討します。

　日本建築センター編『構造計算指針・同解説〔1986年版〕』には、水平震度0.2という数値は約半世紀の歴史をもち、通常の多くの建築物についてはこの方法で設計しておけば十分である、と書かれています。しかし、いわゆる「新耐震」以降（1981年以降）は大規模地震（300〜400gal）を想定して検討するように変わってきています。200galで構造物や建物が大丈夫だからといって、大規模地震で大丈夫かはわからず、やはり構造物や建物に対しても大規模地震で設計することが望まれます。

第2編【各論】 地盤と基礎のQ&A

Q35 べた基礎は液状化対策になるのでしょうか？

A べた基礎で基礎床が十分固いものであれば、仮に液状化したとしても均等に沈下して不同沈下が少ない、あるいは万が一建物が傾斜しても立て起こしが容易である、ということから液状化対策としてべた基礎が用いられることがあります。しかし、現在では、地盤条件や基礎の強度などが複雑な場合では、べた基礎自体が液状化対策として効果があるのではなく、結果として液状化に対して耐性がある、と考えたほうがよいと考えられます。

解説 べた基礎が液状化に強い、と思われる根拠は、べた基礎の基礎構造にあると思われます。一般的に建物の荷重を基礎で支持しますが、基礎の中の杭基礎は杭先端の支持層に建物の荷重を伝達します。一方、べた基礎は基礎直下の表層地盤に建物の荷重を伝達します（〈図20〉を参照）。そのため、べた基礎の場合は、基礎直下の地盤は建物の重さがかかり、「拘束圧」が上昇しています。

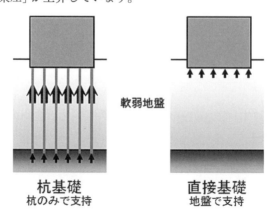

〈図20〉 杭基礎と直接基礎

118

この「拘束圧」という概念は地盤力学、特に砂地盤の力学でとても重要なものです。砂などは締め付けられる力が増すほど大きな抵抗力を発揮します。摩擦性材料ともいわれます。机の上にある重りを移動させようとすると机と重りの間に摩擦力が発生します。重りが重くなるほど移動させるための力が大きくなっていきます。これと同じことが砂にも起こっています。つまり、べた基礎を介して建物の重さが砂地盤にかかればそれだけ抵抗力が大きくなります。その結果液状化に対して強くなる、と思われます。

しかし、一概にはそうはいきません。仮に建物の重さがべた基礎を介して地盤に作用したとしても、木造2階建てならおおよそ10kN/㎡で荷重としてはそれほど大きくなく、液状化に対抗するだけの荷重が地盤に作用しているかはわかりません。

また、液状化対策として杭基礎や地盤改良を行うことは高価であるため、上部構造物とのバランスでべた基礎にするほうがよいという考え方があります。べた基礎が液状化対策になるということではなく、たとえば、べた基礎で基礎床（スラブ）が十分固いものであれば仮に液状化したとしても均等に沈下して不同沈下が少ない、あるいは万が一建物が傾斜しても立て起こしが容易である、ということからこのように考えられます。

しかし、べた基礎直下の地盤が不整形であった場合は不同沈下する可能性もあります。また、基礎に十分な強度や剛性がない場合も不同沈下する可能性もあります。以上から、べた基礎自体が液状化対策として効果があるのではなく、結果として液状化に対して耐性がある場合もある、という理解のほうがよいかと考えます。つまり、地盤特性などによっては、べた基礎だけでは液状化対策にならないのです。

液状化に対する対策工としては、地盤改良として地下水を低下させる方法、基礎直下を固める方法、あるいは排水を促進させる工法などがあります。お金はかかりますが、地盤の液状化危険度を判定して適切な対策工法を選定することが重要であると考えられます。

Q36 不同沈下の中で、一体沈下と変形沈下の違いとは何ですか？

〈図21〉のように、地盤が一様に沈下した場合には、杭基礎の建物では抜け上がりや配管の損傷などの不具合が見られますが、直接基礎がほとんどの戸建て住宅など小規模建築物では、配管の損傷などの不具合を除き、多くの場合、不同沈下が問題となります。

建物に不同沈下が生じたときの沈下形状は、〈図21〉のように、基礎に損傷が生じないで建物が一体的に沈下傾斜する場合（一体傾斜）と、基礎に損傷が生じて建物が変形し沈下傾斜する場合（変形傾斜）に大別でき、この沈下形状により建物の不具合の内容が異なります。

解説

「一体傾斜」の場合には、建物に変形は生じないため壁のひび割れなどの損傷は起こらず、傾斜角の発生に伴う床の傾斜や排水不良など、使用上・機能上の不具合のみが問題となります。一体傾斜では、建物鉛直荷重が柱面外となるような沈下（傾斜角17/1000程度以上）を除けば構造的に問題となることはありません。

一方、壁のひび割れなどの損傷が生じるのは「変形傾斜」の場合で、構造軀体の変形の程度（変形角の大きさ）が問題となり、またこれと同時に傾斜角

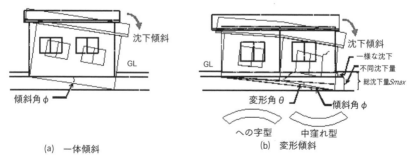

〈図21〉 建物の沈下形状

の大きさによる使用上・機能上の不具合も問題となります。

傾斜角と使用性や機能面の障害程度の関係は〔表15〕、変形角とひび割れなどの損傷程度の関係は〔表16〕のとおりで、障害程度と損傷程度をあわせて不具合程度と呼びます。

不同沈下が生じた場合に沈下形状が一体傾斜となるか変形傾斜となるかは、地盤の沈下状況と基礎の剛性に大きく左右されます。

広域的に不同沈下が生じるような場合には、敷地の範囲内で変形が生じないため一体傾斜となる場合が多く、切盛地盤のように敷地内で地盤条件が大きく異なるような場合には、切盛境界で変形が生じ、変形傾斜となる場合が多いです。また、近接工事による沈下では、盛土や掘削等による影響範囲が狭い場合には変形傾斜となることが多く、地下水位低下による圧密沈下などでは広域的に沈下する場合が多く、一体傾斜となる場合が多いようです。

また、地盤の沈下状況が上記のようであっても、基礎に損傷と変形が生じるか否かで異なり、基礎の剛性が高い場合は一体傾斜となり、剛性が低い場合には変形傾斜となる場合が多くなります。

〔表15〕 傾斜角φと使用上機能上の障害程度

傾斜角	障害程度	レベル
3/1000以下	技術的基準レベル－1相当	1
4/1000	不具合が見られる	2
5/1000	不同沈下を意識する 水はけが悪くなる	
6/1000	技術的基準レベル－3相当 不同沈下を強く意識し申立急増	3
7/1000	建具が自然に動くのが顕著	
8/1000	ほとんどの建物で建具が自然に動く	4
10/1000	配水管の逆勾配	
17/1000	生理的な限界値	5

出典：日本建築学会編著『小規模建築物基礎設計指針』(2008年)

第2編【各論】 地盤と基礎のQ&A

〔表16〕 変形角 θ と損傷程度の関係

変形角（θ）	損傷程度	レベル
2/1000以下	損傷が明らかでない範囲	1
2～3/1000	建付と内外壁の損傷が5割を超え損傷発生が目立つ。内外壁の損傷は0.5mm程度、建付隙間3mm程度、木工仕口隙間2mm以下	2
3～5/1000	損傷程度が著しくなる。基礎亀裂の拡大傾向が見られ、無筋基礎、内外壁の損傷が0.5mm程度、建付隙間5mm程度、木工仕口隙間が2mmを超える	3
5～8/1000	多くの損傷発生が5割を超え顕著。有筋基礎でも多くの建物で0.5mmを超える亀裂、内外壁の損傷は1mm、建付隙間は10mmを超え、木工仕口隙間4mm程度以上となる	4
8～12/1000	損傷程度はさらに著しくなるが新たな損傷は発生せず塑性的な傾向を示す。有筋基礎でも1mm程度の亀裂、内外壁の損傷2mm程度、建付隙間15mm程度、木工仕口隙間5mm程度となる	5

出典：日本建築学会編著『小規模建築物基礎設計指針』（2008年）

　以前は無筋コンクリート基礎が主体でしたので、沈下が生じると直ちに基礎にひび割れが生じ、傾斜と同時に変形も生じるため、特に傾斜と変形を区別していませんでしたが[1]、有筋基礎で基礎の剛性が高い近年の住宅では、不同沈下が生じた場合、変形が生じない一体傾斜となる場合が多くなっています。

　沈下形状の判断は、基礎の損傷状況とともに〈図22〉のような不同沈下計測を行い、〈図23〉および〔表17〕のように沈下状況を整理して判断します。なお、測定面の不陸や測定誤差等を考えると変形角2/1000以下は実質的に一体傾斜とみなせます。

　ひび割れなどの損傷は建物の沈下以外の要因でも起こりますので、建物に

1　日本建築学会編著『小規模建築物基礎設計の手引き』（1988年）。

第6章　その他

Q36

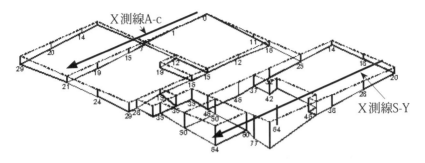

〈図22〉　沈下傾斜状況俯瞰図

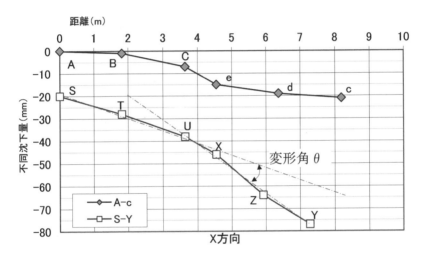

〈図23〉　沈下傾斜状況の整理

〔表17〕　沈下傾斜状況の評価

項　目	実測値	許容値	評　価	レベル
傾斜角	11.8/1000	6/1000	NG	4
変形角	9.1/1000	5/1000	NG	5
柱傾斜	10/1000	6/1000	NG	
不同沈下量	77mm	25mm	NG	
相対沈下量	19mm	10mm	NG	
沈下モード	変形傾斜（への字型）			〈図21〉

123

第2編【各論】 地盤と基礎のQ&A

Q36 不具合が生じた場合には、沈下形状を判断して、傾斜角や変形角の大きさと不具合程度の関係から、沈下による不具合を判断することができます。

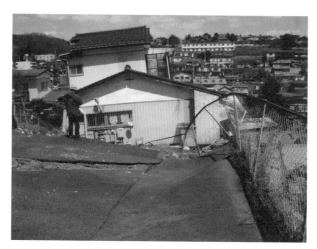

不同沈下した家屋の例（稲垣秀輝撮影）

第6章　その他

Q37

> Q37　地盤の専門家とはどのような方を指すのでしょうか？

A 　地盤の専門家には、まず、技術士の建設部門（土質および基礎ほか）と応用理学部門（地質）の技術者があげられます。次に、一級土木施工管理技士や地質調査技士、シビル・コンサルティング・マネージャ（RCCM（土質および基礎、地質））があげられます。最近、宅地の品質を評価する技術者として地盤工学会を中心に地盤品質判定士の資格が設けられ、その活躍が期待されています。地盤のトラブルについては、これらの技術者に相談することをお勧めします。

解　説 　従来、地盤の良し悪しは、建物の不具合に関連するとして、建築士が対応してきました。しかし、地震や豪雨の土砂災害のように、地盤自体が主体的に変動したことによる建物の被害が増えてきました。このような地盤リスクについて建築士は専門外となることが多く、地盤の専門家の出番となります。[1]

　技術士は、技術士法に基づく国家試験を通った方々で、わが国の技術者の中で最上級の資格となります。全国に約9万人の登録者がいますが、地盤関係の技術者となると約7000人程度となると思います。詳しくは、公益社団法人日本技術士会のウェブサイト[2]をご覧ください。

　地盤品質判定士は、東日本大震災の甚大な地盤災害を契機に発足した資格であり、775名が登録されています（2016年3月現在）。詳しくは、地盤品質判定士協議会のウェブサイト[3]をご覧ください。困ったときには、相談してみてください。

1　地盤工学会役立つ!!地盤リスクの知識編集委員会編『役立つ!!地盤リスクの知識』192頁（2013年）。
2　〈https://www.engineer.or.jp/〉
3　〈https://www.jiban.or.jp/jage/〉

125

第2編【各論】 地盤と基礎のQ&A

Q38

Q38　地盤の専門家はどのような組織にいるのでしょうか？

地盤の専門家は、主に地質調査業、建設コンサルタント業、建設会社等の民間企業に所属しています。公共事業を中心に仕事をすることが多く、民間の小規模宅地のさまざまなトラブルに向き合う技術者は少ないのが現状です。各企業や地盤品質判定士協議会、公益社団法人日本技術士会などのウェブサイト[1]を見ながら、相談に乗ってもらえるところをこまめに探すことをお勧めします。

解説　地質調査業者は、地盤調査をする企業で、数百社程度が一般社団法人全国地質調査業協会連合会[2]に加盟して活動しています。この中でも、小規模宅地の調査をしている企業は限られているのですが、自分にあった会社を選ぶのがよいでしょう。

建設コンサルタント業者は、地盤の設計や解析・評価をする企業で、数千社程度があると思います。国に建設コンサルタント業として登録している企業の中で、一般社団法人建設コンサルタンツ協会[3]に加盟している会社は、その約1割の数百社です。この中でも小規模宅地の地盤を扱っている企業は少ないので、同協会に問い合わせるか、各企業のウェブサイトを見てみて相談窓口を探してみてください。

建設会社は、全国に大小さまざまな企業があります。主に、地盤にかかわる土木の分野と、建物にかかわる建築の分野の技術者を多く抱えています。一般社団法人日本建設業連合会[4]に加盟している企業を中心に、土木の分野

1　地盤品質判定士協議会ウェブサイト〈https://www.jiban.or.jp/jage/〉、日本技術士会ウェブサイト〈https://www.engineer.or.jp/〉。
2　〈https://www.zenchiren.or.jp/〉
3　〈http://www.jcca.or.jp/〉
4　〈http://www.nikkenren.com/〉

126

第6章 その他

に強い会社を探し出して相談するとよいでしょう。また、地元には地域に密着した優良な会社がありますので、その会社のウェブサイトをみて相談してみてもよいかもしれません。さらに、地方自治体によっては、地盤の専門家を紹介してくれるところもありますので、最寄りの自治体に相談してもよいでしょう。

地盤災害調査を行う専門家の例（稲垣秀輝撮影）

第2編【各論】　地盤と基礎のQ&A

Q39

> Q39　地盤改良の必要な地盤はどのような地盤で、どのように設計するのでしょうか？

　　　直接基礎を採用する際に地盤調査の結果から支持力不足や不同沈下が懸念される場合には、建物に有害な沈下、変形および損傷が生じないように、直接基礎底面以深の地盤に地盤補強を施す必要があります。地盤補強の方法は、地盤補強を施す深度により以下に示す2種類に大別されます。

①　基礎底面から深さ2m程度の地盤を平面的に連続して地盤補強する方法

②　基礎底面の地盤を杭状に深さ方向に連続して地盤補強する工法

解説　1　主な地盤補強工法

　上記①に分類される工法は、地盤の支持力が不足している場合に支持力を確保することを目的として採用されます。主な工法として、浅層混合処理工法、置換工法、コンクリートブロック工法等があげられます。一方、②に分類される工法は、支持力の増大と沈下を抑止する目的として採用されます。主な工法として、深層混合処理工法や小口径杭工法があげられます（小口径杭工法に関しては、Q40で詳細を説明します）。

　上述の地盤補強のうち、地盤改良の代表的な工法である深層混合処理工法および浅層混合処理工法について、設計方法を以下に説明します。

2　深層混合処理工法

　深層混合処理工法の設計は、長期許容鉛直支持力と長期許容圧縮力の小さいほうの値を許容支持力とします。

128

第6章　その他

Q39

> 長期許容鉛直支持力＝1/3×（極限先端支持力＋極限摩擦力）(kN)
>
> 改良体の長期許容圧縮力＝1/3×改良体の設計基準強度×改良体の断面積 (kN)

　ここで、深層混合処理工法で使用するセメント系固化材の種類や配合は、土質試験、室内配合試験および施工実績を考慮して、改良強度を設定する必要があります。改良強度は、原則として試験施工や配合試験より一軸圧縮強さを求めて、ばらつきを考慮して設定する必要があります。しかし、小規模建物で採用する場合には、敷地や試験期間の制約を受けることがあります。そこで、設計者もしくは施工者が、過去の施工実績に基づき適切に改良強度を設定する必要があります。

3　浅層混合処理工法

　浅層混合処理工法の設計は、基礎底面に作用する平均接地圧と改良地盤の長期許容鉛直支持力度を求め、改良地盤の仕様（改良深さ、改良幅）を決定します。さらに、改良地盤底面に作用する分散応力と未改良地盤の長期許容鉛直支持力度を照査し、安全性を確認します。

> 平均接地圧＝単位長さあたりの建物重量／布基礎ベース幅 (kN/㎡)
>
> 平均接地圧≦改良地盤の長期許容鉛直支持力度＝1/3×改良地盤の設計基準強度 (kN/㎡)

　上式を満たすことで、改良地盤に伝達された荷重が未改良地盤に支障なく伝達され、建物に有害な沈下が生じないと判断されます。

　改良地盤の設計基準強度の設定は、深層混合処理工法と同様の考え方で設定されます。

129

第2編【各論】　地盤と基礎のQ&A

Q40

Q40　小口径杭の必要な地盤はどのような地盤で、どのように設計するのでしょうか?

杭は、Q39で述べた2種類の地盤補強の方法のうち、「基礎底面の地盤を杭状に深さ方向に連続して地盤補強する工法」に分類されます。杭工法は、支持力の増大と沈下を抑止することを目的として採用されます。小口径杭による地盤補強は、直接基礎を採用する際に、地盤調査の結果から支持力不足や不同沈下が懸念される場合に必要になります。建物に有害な沈下、変形および損傷が生じないように、直接基礎底面以深の地盤に杭による地盤補強を施すことになります。

解　説　小規模建物に採用される杭工法は、小口径杭工法が一般的となります。その代表的なものとして、木杭、小口径鋼管杭および既製コンクリート杭があげられます。これらの小口径杭は、施工方法により圧入・回転圧入とプレボーリングを併用した埋込みに分類されます。

　小口径杭工法の選定に際して、その施工が想定どおりに可能であり、施工された杭が十分な耐力を有することを確認する必要があります。そのために、施工時の打止め管理を杭の貫入速度や回転力(トルク)などの管理値で行うことになります。以下に、代表的な小口径杭工法の一般的な仕様を示します。

①　木杭　　杭径100〜200mmの針葉樹材が用いられます。腐食しないように地下水位以下に設置する必要があります。

②　小口径鋼管杭　　杭径50〜200mm程度の一般構造用炭素鋼管が用いられます。杭長が5〜6mを超えると、溶接または機械式の方法により継手部分を設けることになります。また、鋼管の外面に1mmの腐食代を考慮して座屈の検討をすることとなります。

③　小口径既製コンクリート杭　　杭径200〜250mm程度のプレキャス

130

第6章　その他

ト鉄筋コンクリート杭または遠心力鉄筋コンクリート杭が用いられます。小口径鋼管杭と同様に、座屈および継手の検討が必要になります。

　小口径杭の設計は、長期許容鉛直支持力と長期許容圧縮力の小さいほうの値を許容支持力とします。

長期許容鉛直支持力＝1/3×（極限先端支持力＋極限摩擦力）（kN）

　極限先端支持力は、杭先端地盤の種別により、砂質土地盤ではN値を、粘性土地盤では粘着力をパラメータとして算定されます。一方、極限摩擦力も対象区間の地盤の種類に応じて、砂質土区間ではN値を、粘性土区間では粘着力をパラメータとして算定されます。

　長期許容圧縮力は、各工法により杭の材質（設計基準強度）、腐食代、細長比等を考慮して算定されます。

131

第2編【各論】 地盤と基礎のQ&A

Q41

Q41　宅地造成地での切土と盛土の見分け方はどのようにするのでしょうか？

　　　宅地造成地をざっと見ただけで、切土と盛土を見分けるのは難しいでしょう。しかし、見所を押さえておけば、ある程度の予想はできます。盛土では、地表や構造物に湿気が多かったり、クラックやへこみ・段差などが増えることが多いからです。また、旧版地形図を購入し、見てみると、昔の谷が示されていますので、盛土の位置がわかります。さらに、詳細に盛土位置を調べたい場合には、物理探査やボーリング・サウンディング調査が必要となりますが、数万～数百万円の費用がかかります。

解説　旧版地形図は、一般財団法人日本地図センター[1]で購入することができます。大体Ａ２判（モノクロ）で370円程度です。この地図を見ると造成前の谷地形が出ていますので、昔の谷の位置に合致すれば造成地の盛土であることがわかります。

　谷を埋めたり、谷の側壁を埋めたり（腹付け）した盛土は、常時に不同沈下をしたり、地震時に地すべりを起こすので要注意です[2]。ただし、すべての盛土が危険というわけではありません。適正に造成された盛土は安心してもよいのです。昔の造成地などでは、当時の造成基準が緩かったために、〔表18〕に示したような地表の変状や湧水などが

〔表18〕　危険な盛土の見分け方

項　目	現　象
地表・路面	クラック・段差・へこみ
擁壁・建物	クラック・ずれ・開き・押し出し
地下水	湧水・湿地・湿性植物

1　〈http://www.jmc.or.jp/〉
2　「宅地防災マニュアル」〈http://www.mlit.go.jp/crd/web/topic/pdf/takuchibousai_manual070409.pdf〉、地盤工学会防災・環境・維持管理と地形地質編集委員会編『防災・環境・維持管理と地形地質』（地盤工学・実務シリーズ32）292頁（2015年）。

132

第6章 その他

Q41

［写真5］ 谷埋め盛土の切盛境界でのブロック擁壁のクラック。写真左が切土で、写真右側の盛土が沈下してクラックが発生

ある場合があります。そのようなところは危険な盛土といえます。また、［写真5］に示した擁壁のクラックは、切土と盛土の境界に認められたものです。参考にしてください。

さらに、詳細調査の際の物理探査としては表面波探査・弾性波探査・電気探査・微動アレイ探査などがあります。[3]

---

3 稲垣秀輝『もし大地震が来たら？——最新47都道府県危険マップ』175頁（2012年）、地盤工学会編『地盤調査の方法と解説』1259頁（2013年）。

第２編【各論】 地盤と基礎のＱ＆Ａ

Q42

┌───┐
│ Q42　地盤と基礎にかかわる主な基準や解説書はどのように変わってき │
│　ましたか？ │
└───┘

Ａ 　地盤と基礎にかかわる主な法令や基準は大きな災害や事故が起こ
るたびに、それを是正するために改正されます。つまり、基準を実
勢にあわせて今後予想される災害や事故を予防するということが基準改定の
趣旨になります。

═══

解説 　ここでは、地盤リスクにかかわる主な法令の変遷と、地盤
と基礎にかかわる主な基準や解説書の変遷を解説します。

1　地盤リスクにかかわる主な法令の変遷

〔表19〕に示したとおり、地盤災害にかかわる地すべり等防止法は、1957
年に集中豪雨で熊本県、長崎県、新潟県等で相次いで発生した地すべり災害
を契機として1958年に成立しました。宅地造成等規制法は、1961年に集中
豪雨で神奈川県、兵庫県等の宅地造成地において相次いで発生した「がけ崩
れ」災害を契機として同年成立しました。急傾斜地の崩壊による災害の防止
に関する法律は、1967年に集中豪雨で広島県、兵庫県等で相次いで発生し
た自然斜面での「がけ崩れ」災害を契機として1969年に成立しました。土砂
災害警戒区域等における土砂災害防止対策の推進に関する法律は1999年の
広島県で多発した土砂災害を契機に、2000年に成立しました。

2004年の新潟県中越地震、2005年の福岡県西方沖地震などにおいて、造
成宅地を中心に多くの地盤災害（谷埋め盛土のすべりなど）が生じました。こ
のような大規模地震による造成された宅地等の安全性の確保を図るため、
2006年には宅地造成等規制法が一部改正されました。また、2011年３月11
日に発生した東北地方太平洋沖地震や紀伊半島豪雨によるさまざまな災害を

134

第6章　その他

〔表19〕　法令の立法のきっかけと推移

Q42

立法の契機	立法の推移
	1950　建築基準法（中規模の地震対応）
1957　集中豪雨による地すべり災害	1958　地すべり等防止法
1961　集中豪雨で宅地造成地の崖崩れ災害	1961　宅地造成等規制法
乱開発・スプロール化	1968　都市計画法（開発許可制）
1967　集中豪雨で自然斜面の崖崩れ災害	1969　急傾斜地の崩壊による災害の防止に関する法律
ゴルフ場開発などで森林の乱開発	1969　森林法改正（林地開発許可制）
海浜等の埋立てによる環境破壊	1969　公有水面埋立法改正（環境保全・災害防止条項）
1968　イタイイタイ病の原因をカドミウムであると厚生省が認め、カドミウム米をめぐる社会不安	1970　農用地の土壌の汚染防止等に関する法律
1978　宮城県沖地震	1981　建築基準法改正（最大規模の地震対応）・新耐震設計法施行
1973　六価クロム汚染 1997　東芝工場地下水汚染 1997　USJ土壌汚染	2002　土壌汚染対策法
2004　新潟県中越地震 2005　福岡県西方沖地震では造成宅地に地盤災害	2006　宅地造成等規制法・都市計画法の改正（造成宅地の規制強化）
2005　構造計算書偽造問題の発覚	2006　建築基準法改正（構造計算適合判定制度の導入等） 2007　住宅瑕疵担保履行法

出典：地盤工学会役立つ!!地盤リスクの知識編集委員会編『役立つ!!地盤リスクの知識』142頁（2013年）

契機として新しい法制度や関連する法令の改正が行われました。現在も新たな自然災害を契機に法令の制定・改正が行われています。

135

第2編【各論】 地盤と基礎のQ&A

2 地盤と基礎にかかわる主な基準や解説書の変遷

　地盤と基礎にかかわる主な基準や解説書としては、①『建築物の構造関係技術基準解説書』、②『建築物のための改良地盤の設計及び品質管理指針』、③『建築基礎構造設計指針』、④『小規模建築物基礎設計指針』、⑤『建築基礎設計のための地盤調査計画指針』、⑥『建築基礎設計のための地盤評価・Q&A』、⑥『実務者のための戸建住宅の地盤改良・補強方法』、⑦「宅地防災マニュアル」、⑧JIS A 1221：スウェーデン式サウンディング試験、⑨『地盤調査の方法と解説』、⑩『地盤調査——基本と手引き』、⑪『地盤材料試験の方法と解説』、⑫『土質試験——基本と手引き』、⑬『地盤工学用語辞典』などがあります。これらの基準や解説書の変遷については、本書資料編に収めていますので、地盤事件が起こった時点の地盤や基礎にかかわる基準を見直す参考にしてください。

136

第6章 その他

> Q43 谷埋め盛土と腹付け盛土の違いは何でしょうか？

 谷埋め盛土は、谷部や沢部を埋め立てた盛土です。腹付け盛土は、傾斜地盤上に腹付けした盛土です。

解説 谷埋め盛土は、台地や丘陵地に形成された谷部や沢部を埋め立てた盛土です。一般的には、谷や沢筋に沿って埋め立てるため形状が細長く、面積が広いことが特徴としてあげられます。

腹付け盛土は、台地や丘陵地の裾部の傾斜地盤上の盛土です。一般的には、地山の勾配が急勾配であることが特徴としてあげられます。

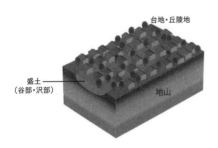 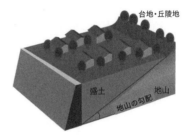

〈図24〉 谷埋め盛土のイメージ　　〈図25〉 腹付け盛土のイメージ

出典：国土交通省「大規模盛土造成地の滑動崩落対策について」〈http://www.mlit.go.jp/toshi/toshi_tobou_fr_000004.html〉（一部加筆）

第2編【各論】 地盤と基礎のQ&A

Q44 斜面地・がけ地・法地・法面の違いは何ですか?

これら用語の定義は、地形分類で使用されるか宅地の安全を考えた場合の定義と土地の価値をどう考えるかなど、「地表面が傾斜した土地」≒「斜面地」をどのような立場でどのように取り扱うかによって定義が異なります。

解説 宅地の安全にかかわる法令である宅地造成等規制法施行令1条2項では、「がけ」とは地表面が水平面に対し30度を超える角度をなす土地で硬岩盤(風化の著しいものを除く)以外のものをいい、「がけ面」とは、その地表面をいうと定義されています。また、急傾斜地の崩壊による災害の防止に関する法律2条1項で、急傾斜地とは、傾斜度が30度以上の土地と定義されています。

一方、不動産売買に係る「土地価格比準表」での「がけ地」は、宅地としての利用に支障があるかどうかに視点があるため、利用可能ながけ地か利用が阻害される「がけ地」かに区分し、「斜面地」全体を「がけ地」としています。

「法地(のりち)」は、宅地として利用できない斜面部分をいいますが、傾斜角度など明確な定義があるわけではなく、傾斜が付いた土地全体を指します。つまり、人間が利用することに着目した土地の形状を示唆する用語になります。その意味では、「土地価格比準表」で使用される「がけ地」の定義に類似しています。

この「法地」という用語の延長が「法面(のりめん)」になりますが、人工的に作られた、あるいは人の手が入った斜面を「法面」と限定して使用している場合もあります。

このように使用する立場・条件により同じ用語であっても、意味が違うことがありますので、専門家に相談しつつ、必ず定義を確認することが重要です。

138

第6章 その他

> Q45 「設置義務擁壁」とは何ですか？

 宅地造成等規制法施行令で設置が義務づけられた擁壁をいいます。

解説 　宅地造成等規制法施行令5条1項および都市計画法施行規則23条1項において、切土あるいは盛土により生ずることとなる「がけ」の部分で、〔表20〕に該当する一部の「がけ面」、あるいは、土質試験その他の調査または試験に基づき地盤の安定計算をした結果、崖の安定を保つために擁壁の設置が必要でないことが確かめられた「がけ面」を除き、次に示すような「がけ」が生じる場合には、生命・財産の安全を確保する観点から「擁壁」の設置が義務づけられています。

① 切土をした土地の部分に、高さが2mを超える「がけ」が生ずる場合
② 盛土をした土地の部分に、高さが1mを超える「がけ」が生ずる場合
③ 切土と盛土を同時にした土地の部分に、高さが2mを超える「がけ」が生ずる場合

このような設置が義務づけられている「擁壁」のことを「設置義務擁壁」と呼んでいます。

〔表20〕 切土のり面の勾配（擁壁の設置を要しない場合）

のり面の土質	崖の上端からの垂直距離 H≦5m	崖の上端からの垂直距離 H＞5m
軟岩 （風化の著しいものは除く）	80度以下 （約1：0.2）	60度以下 （約1：0.6）
風化の著しい岩	50度以下 （約1：0.9）	40度以下 （約1：1.2）
砂利、真砂土、関東ローム層、硬質粘土、その他これらに類するもの	45度以下 （約1：1.0）	35度以下 （約1：1.5）

第2編【各論】 地盤と基礎のQ&A

なお、小段等によって上下に分離されたがけがある場合、上部擁壁が〔表21〕のθ角度内に入っているものは、二段擁壁とみなされるので一体の擁壁として設計を行うこと、θ角度内に入っていない場合は、別個の擁壁として扱うが、水平距離を0.4H以上かつ1.5m以上離さなければならないとされています。

〔表21〕 土質別角度（θ）

背面土質	角度（θ）
軟岩（風化の著しいものを除く）	60°
風化の著しい岩	40°
砂利、真砂土、関東ローム、硬質粘土その他これに類するもの	35°
盛土	30°
腐植土	25°

第6章　その他

Q46 「設置義務擁壁」として認められる擁壁は、どのような擁壁が、安全（適格）な擁壁と認められるのでしょうか？

宅地造成等規制法施行令では、安全（適格）な「設置義務擁壁」として認められる擁壁としては、同令6条1項2号において、鉄筋コンクリート造、無筋コンクリート造または間知石練積み造その他の練積み造のものとするとされています。

解説　設置される擁壁の構造としては宅地造成等規制法施行令7条で示され、単独の擁壁の場合には、次のような安全基準が確保されていることが必要です。

① 土圧、水圧、自重等（以下、「土圧等」という）によって擁壁が破壊されないこと
② 土圧等によって擁壁が転倒しないこと
③ 土圧等によって擁壁の基礎がすべらないこと
④ 土圧等によって擁壁が沈下しないこと

〈図26〉　コンクリート擁壁の例

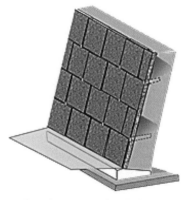
〈図27〉　間知石積み擁壁の例

第2編【各論】　地盤と基礎のQ&A

Q46

　さらに、設置される擁壁の構造が特殊な構造であるか、法令に定められた材料または工法を使用しているか、擁壁設置箇所はがけの下端から30°の角度で立ち上げた線より擁壁側に建物荷重がかかっているか、がけの高さの2倍以内のがけ下に建物があるか、二段擁壁になっていないかなど、設置箇所の土質、荷重条件、気象等をも含めて擁壁の安全性を調査・確認・検討し、検査機関に報告（工作物として確認申請）する必要があります。

〔表22〕　擁壁の分類

材料による分類		型式分類	目地埋有無
コンクリート擁壁	鉄筋コンクリート	L型擁壁	
		逆L擁壁	
		逆T擁壁	
	鉄筋・無筋コンクリート	重力擁壁	
		もたれ擁壁	
石積擁壁ブロック積擁壁	間知石積擁壁	布積・谷積・矢羽積等	有：練積み無：空積み
	切石積擁壁		
	自然石（野石）積擁壁	乱層積・整層積・谷積等	
	コンクリートブロック	植栽ブロック・大型ブロック等（注：小型コンクリートブロックは、「設置義務擁壁」として使用できない）	
	プレキャストコンクリートブロック		
矢板式擁壁	鋼管	自立式・二重締切式・親杭横矢板式・控え式等	
	鋼矢板		
	コンクリート矢板		
補強土	ネイリング（鉄筋）・蛇篭・補強土壁等		
アンカー	ロックボルト・タイロッド・タイブル等		
井桁	コンクリート製・鋼製・木製		

142

第6章　その他

Q 47

Q47　購入しようとしている宅地には、すでに擁壁が設置されています（既存擁壁があります）が、購入時に注意することはありますか？

A 　既存擁壁がある場合に、その安全性が心配であれば、国土交通省が公開している「我が家の擁壁チェックシート案」での自己診断をすることをお勧めします。さらに、専門家や行政機関に相談することもお勧めします。

解　説　既存擁壁がある場合、チェックする点は、次のような項目があります。

①　擁壁の高さは切土で２ｍを超えるか？　盛土で１ｍを超えるか？

②　「擁壁の沈下や腹み出し、亀裂がある」損傷擁壁か？

③　石積みとコンクリート擁壁等が組み合わされているか？

④　家屋と擁壁の距離が近いか？

⑤　二段擁壁になっていないか？

初めて擁壁等を確認される方ですと「専門用語はわからない」、「どのくらいが損傷というのかがわからない」、「家屋と擁壁の距離がどれくらいなら近いかがわからない」と悩まれることが多いでしょう。

そのようなときには、国土交通省が公開している「我が家の擁壁チェックシート（案）」[1]を使って確認してみるのも１つの手段です。同チェックシートでは、擁壁の見分け方や、名称等が図入りで説明されており、ある程度判断することができるでしょう。

ただし、同チェックシートにも書かれていますが、素人だと見た目で判断できない擁壁も存在します。さらに、監督官庁により考え方の違いがありま

1　〈http://www.mlit.go.jp/crd/web/jogen/pdf/check.pdf〉

143

第2編【各論】 地盤と基礎のQ&A

すので、同チェックシートにも「総合評価が『×危険性が高い宅地擁壁』の場合や、『△やや不安定な宅地擁壁』については最寄りの自治体にご相談下さい」と書かれていますが、最終判断は1人でせず、行政機関や専門家に必ず相談することが必要です。

また、本書の資料編にある「宅地情報シート（戸建て住宅用)」についても、擁壁のチェック項目が入っていますので、宅地のチェックとともに利用することができます。

第6章　その他

Q48

Q48　地盤のせん断強度の求め方について、各種マニュアル等では、粘土地盤と砂地盤に大別して、粘土地盤であれば$\phi = 0$と仮定して、$c = q_u/2$を使って、砂地盤であれば$c = 0$と仮定してϕを用いて計算するように書かれています。

　　盛土等の人工地盤や造成地盤のせん断強度を求める場合においても、その構成材料を、粘土か砂かに大別して、上記の手順で計算すればよいのでしょうか？

　　[注] ϕ：摩擦角、c：粘着力、q_u：一軸圧縮強さ

A　地盤はまず、自然地盤か人工地盤（造成地盤）かに分けて考えることが重要です。自然地盤で、かつ典型的な沖積低地の粘土地盤もしくは飽和砂地盤と評価できる場合は、設問のようにせん断強度を求めます。つまり、粘土地盤であれば$\phi = 0$と仮定して$c = q_u/2$を、砂地盤であれば$c = 0$と仮定してϕを用いてせん断強度を求めることが一般的に行われています。しかし、盛土等の人工地盤（造成地盤）の場合には、盛土等の構成材料が分類基準によって、粘性土もしくは砂質土に分類されたとしても、粘土系の地盤材料に$\phi = 0$、砂系の地盤材料に$c = 0$という仮定が適用できるとは限りません。盛土等の人工地盤（造成地盤）に対する強度計算は、サイトごとの試験盛土で独自の求め方を設定するか、不均質性を念頭におき慎重に地盤定数を設定して、cとϕの両方を考慮した計算をしなければなりません。

解　説　解析の立場からも地盤の種別は、自然地盤か人工地盤（造成地盤）かにまず大別することが基本となります。次に、それぞれの地盤の構成材料が粘性土なのか、砂質土なのか、その他（高有機質土、火山灰質土、他）なのか、に分類します。ここで、自然地盤の粘性土と盛土地盤の粘性土、自然地盤の砂質土と盛土地盤の砂質土とでは、それぞれ地盤

145

第2編【各論】 地盤と基礎のQ&A

工学的取扱方法が全く違うことに留意しなければなりません。

　地盤工学では地盤が破壊するときの強度（せん断強さ）を下式で表し、この式をクーロンの破壊基準と呼んでいます。

$\tau_f = c + \sigma\,tan\phi$

　ここで、ϕ：摩擦角（°）、c：粘着力（kN/㎡）、σ：垂直応力（kN/㎡）

　砂分を含まない均質な沖積粘土地盤ではϕがゼロとなることから、せん断強度は、cのみで決まり、飽和した均一な砂地盤ではcがゼロとなることから、せん断強度は、ϕと垂直応力で決まることが多いです。このことをϕゼロ法、cゼロ法と呼ぶこともあります。そして、ϕゼロ法のときのcは$q_u/2$の関係を使って求めます。ただし、c＝$q_u/2$（ここで、q_u：一軸圧縮強さ（kN/㎡））が成立する条件も、砂分を含まない均質な沖積粘土地盤に限られます。ここで問題となるのは、ϕゼロ法、cゼロ法を適用した場合、計算で求めたせん断強さが、安全側になるかということです。答えは、安全側になる場合もあれば危険側になる場合もあります。

　盛土地盤は、一般的に自然地盤を掘り返し、ほぐした土を埋め立てて、新しく造った地盤です。長い年月をかけて形成される自然地盤は、土粒子が土の骨格を形成しています。しかし、盛土の場合には、いったんほぐしていても土粒子単位までほぐされることはなく、土粒子の集合体としての土塊レベルで埋められるので、土としての骨格が土粒子レベルと土塊レベルとが混在することになります。また、均質・均一な盛土材料を調達することは難しく、複数の種類の地盤材料が混在することも一般的です。すなわち、盛土地盤は、不均質・不均一の材料で構成されると特徴づけられ、ϕゼロ・cゼロの条件が成立することはないので、粘土地盤か砂地盤かに大別してϕゼロ法、cゼロ法の計算方法を適用することはできません。

146

第6章　その他

Q 49

> Q49　日本は毎年のように地震や洪水といった自然災害に見舞われ、
> 各地で多数の被害が発生しています。今後、どのように対処してい
> くべきでしょうか？

A 日本は災害大国として世界的にも有名です。毎年、日本のどこか
でさまざまな自然災害に罹災しながらも、経済大国として存在して
いる日本は世界からも稀有な国として認知されています。世界各国の自然災
害に対する潜在的リスクを定量化することを目的として、国連大学環境・人
間の安全保障研究所（UNU-EHS）とザ・ネイチャー・コンサーバンシー（The
Nature Conservancy）は、世界各国の自然災害に対するリスク指標「World
Risk Index」（以下、「WRI」といいます）を提案し、年1回の更新・改善を行っ
ています。

解　説　WRIは、自然災害によるリスクについて、単に自然現象の
頻度や程度を表す曝露量（Exposure）と社会、政治、経済およ
び環境的要因がもつ脆弱性（Vulnerability）の掛け合わせで定義しています。
つまり、豊かな経済や強靭な社会構造を実現し、国民の健康状態を向上させ
るといった多角的な取組みによって、自然災害のリスクは低減可能であるこ
とを示しています。また、WRIは異なる種類の自然災害に見舞われる可能
性をもつ世界各国の自然災害リスクを一貫した枠組みで定量化することによ
り、自然災害に対するホット・スポットを明らかにして、合理的な防災・減
災対策を行うために優先的に改善すべき要因を明らかにするために提案され
ています。〈図28〉はWRIの2014年版を用いて筆者らが脆弱性と曝露量から
世界各国の自然災害のリスクを表記し、中でも先進国と新興・途上国を区分
して示したものです。日本は先進国の中で突出して自然災害の曝露が大きい
ことが理解できると思います。

147

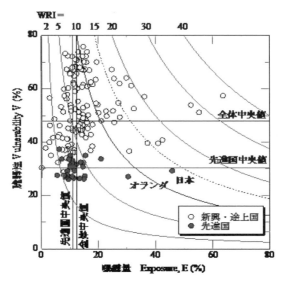

〈図28〉 WRI2014年版での脆弱性と曝露量の関係

筆者注・日本は先進国の中で最も自然災害への曝露量が多いことが理解できると思います。

　自然災害に対して、国や自治体、地域、家庭といったさまざまなレベルで防災・減災の能力向上を図っていく必要があることはいうまでもありません。しかし、どのレベルにおいても、防災・減災にかけられる予算や労力には、限りがあります。そのため、優先的に対処すべき災害の種類や集中的に対策すべきエリア、改善すべき項目を客観的に評価して選定することが大切です。このようにさまざまな自然災害やさまざまな要素を一元的に評価して自然災害に対するリスクを数値化した指標として、筆者らのグループでは、自然災害安全性指標（Gross National Safety for natural disaster；GNS）とそれに基づく合理的な防災減災対策の概念を提唱しています。〈図30〉は、都道府県別の自然災害に対するリスクを算出したGNS2015の算出結果です。

　GNS指標の精度については、まだまだ改善を加える必要がありますが、今後このような指標の開発・改良が進められて、効果的に防災対策が進めら

第6章　その他

Q49

〈図29〉　自然災害に対するリスク指標GNS〔2015年版〕

〈図30〉　GNS2015年版の結果

冊子のPDF版は地盤工学会関東支部のウェブサイトからダウンロードして参照することが可能です〈http://www.jiban.or.jp/kantou/group/pdf/GNS2015.pdf〉。

れることが重要です。

第２編【各論】　地盤と基礎のQ＆A

Q50

Q50　GNSのように自然災害に対するリスクを数値化することでどの
　　　ような効用が得られるのでしょうか？　また、どの程度信じてよい
　　　のでしょうか？

A 　自然災害に対するリスクを数値化することで、自然災害に対して
私たちの命や財産が曝されているリスクの程度やその理由を把握す
ることができます。また、どのような自然災害に対して、どのような観点で
の対策が望まれているかを分析することができます。さらに、都道府県や市
町村といったレベルで、どのエリアにどのような性質の地盤リスクが集中し
ているかを特定することも可能になります。

解　説 　〈図31〉は、GNSを算出する際に求める社会・経済の災害に
対するハード・ソフト両面における弱さ（脆弱性指数）について、
東京都と大阪府のハード対策とソフト対策を各項目別に示したものです。こ
の円グラフの中で点線の丸は全国47都道府県の平均値を示していて、それ
よりも円グラフが大きくなっている場合には、悪いことを示しています。た
とえば、ハード対策の水道老朽化率について東京都と大阪府を比較すると、
東京都では全国平均よりもよいのに対して、大阪府は全国平均よりも悪いこ
とが視覚的に理解できます。このように各項目の悪いところに重点的に予算
を投入することで、災害に対する対策の方向性を明確化することができます。
　GNSのような自然災害のリスク指標はさまざまな観点でのデータを統合
した総合的な指標ですが、指標の値は用いる統計データや多くのデータの統
合手法にも影響を受けます。また、都道府県など評価を行った対象よりも狭
い範囲で集中するリスクは見逃してしまう可能性もあります。たとえば、〈図
32〉は東海三県でのリスク指標を県単位（〈図32〉(1)）、市町村単位（〈図32〉(2)）
で示したものです。東海三県は平野部が多い愛知県、内陸で山地が多い岐阜

150

第6章　その他

Q50

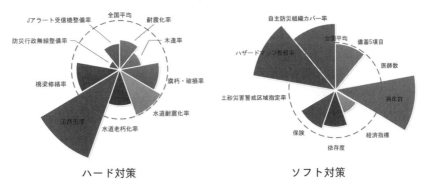

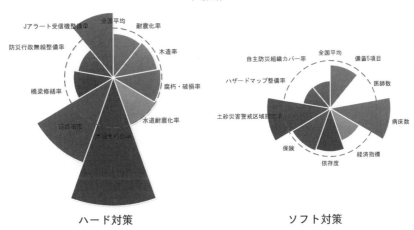

〈図31〉 東京都と大阪府の脆弱性指数の各項目別の違い

県、平野や盆地、山地など多様な地形の三重県と自然条件の変化に富みます。県単位でのリスク評価では、愛知県と三重県は同程度のGNSリスク値ですが、市町村単位でみると指標の県境の沿岸域でリスクが高いことが確認されます。これは、濃尾平野の海抜0m地帯での人口比率が高く、津波や高潮に対する曝露が高いためです。このように、都道府県レベルでは把握できない局所的なリスクを市町村単位にすれば特定することが可能となります。

151

第2編【各論】 地盤と基礎のQ&A

Q50

(1) 県単位　　(2) 市町村単位

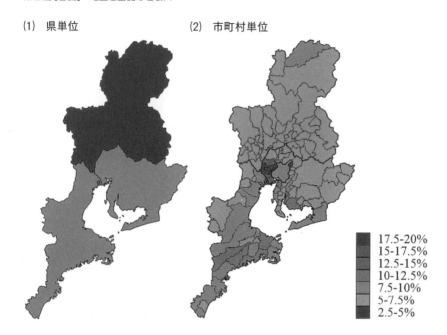

〈図32〉 東海三県でのGNSリスク指標の結果

　数値の多寡や順位に一喜一憂するのではなく、リスク指標の特徴をきちんと理解して1つの評価軸としてとらえることが大切だと考えます。

第３編【資料編】

第3編【資料編】

[資料1]

宅 地 情 報 シ ー ト （戸 建 て 住 宅 用）

	シート記入日	年　　　月　　　日
所在地（住所）		

【基本状況情報】

隣地と高低差の有無	□なし		□あり　（約　　　cm以上の高低差）
宅地近くに坂道の有無	□なし		□あり
建物の有無 ＆ 建物の状況	□無　□有	【□木造　□鉄骨　☑鉄筋コンクリート　□その他（　　　　　）】築　　　年 【□平屋　□2F建　□3F建】【□地下なし　□地下あり（地下車庫含む）】	
対策工事（地盤改良・杭）の有無	□なし		□あり

次の項目について、当てはまる方へチェックを入れてください （わかる範囲でOKです）

【チェック項目（目の付け所）】

		A	B
周辺状況	電柱の沈下・傾斜	□なし	□あり　（□わずか　□目立つ）
	道路の異常	□なし	□あり　（□わずか　□目立つ）
	排水溝・水路の異常	□なし	□あり　（□わずか　□目立つ）
	よう壁の異常（亀裂・ふくらみ・へこみ）	□なし	□あり　（□わずか　□目立つ）
	塀の異常（亀裂・傾斜）	□なし	□あり　（□わずか　□目立つ）
	がけの有無	□近隣になし	□近隣にあり
	川・池・水路等の有無	□近隣になし	□近隣にあり
敷地状況	雨水等の排水（水はけ）	□問題なし	□水はけが悪い
	造成された宅地	□造成された宅地ではない　□造成後10年以上	□造成後10年未満　□不明
	海近くの宅地	□海の近くではない	□海が近い　□埋立地である
既存建物がある場合は下記にもチェックを入れてください			
建物状況	床の傾斜	□なし	□あり　：場所（　　　　　　　　　　）
	建具の建付けの異常	□なし	□あり　：場所（　　　　　　　　　　）
	家屋の壁に亀裂	□なし	☑あり　：場所（　　　　　　　　　　）
	基礎（外周立上り）に亀裂	□なし	□あり　：場所（東側・西側・北側・南側）
	土間コンクリートに亀裂（玄関・ポーチ・タタキなど）	□なし	□あり　：場所（東側・西側・北側・南側）

一項目でもBの項目にチェックがあった場合、地盤の専門家（地盤品質判定士など）への診断依頼をお勧めします

備考欄 （その他気になることなど）	

※この「宅地情報シート」は地盤の強さ・弱さや災害に強い・弱い等、地盤の判定や判断・診断を行うシートではありません。

154

[資料1] 宅地情報シート（戸建て住宅用）

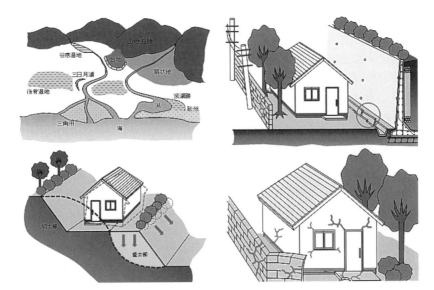

基本状況情報

　隣地との高低差や周辺坂道の有無と程度は、敷地の元地形や造成経緯を知る手がかり情報です。隣地との高低差の存在は、造成前は傾斜地であったことを示唆し、高低差の大小は、元地形の傾斜の程度を反映しています。高低差のある隣地との境界には何らかの擁壁が設置されているはずで、擁壁の存在は基礎形式の選定の制約条件になっています。たとえば、直接基礎であれば、擁壁のある境界から建物は擁壁高さ分の距離を離さなければならない等々です。建物や地盤対策、擁壁の有無とその内容は、地盤を評価したり、地盤調査計画をする場合の基本条件情報となります。

周辺状況

　周辺の電柱の沈下や傾斜、道路や水路の波打ち、擁壁の異常などは周辺地盤の異常のシグナルです。元々水平に地盤が造成されていたはずですので、何らかの原因があってそのようなことになっていることが想像されます。
　電柱の沈下、傾斜や道路・水路の波打ちは、過去に震度5以上の大きな地震によって地盤の液状化が発生している可能性が考えられます。このような地盤は、同程度の地震がくるとさらに液状化する可能性があります。また、比較的新しい造成地盤では地盤が安定するまで沈下が発生することがあります。大きな地震の経験がないのにこのような現象が見られる場合は、造成地盤であることが考えられます。
　擁壁の異常については、擁壁自体がはらみだしている場合は擁壁に設置されている排水口の異常や擁壁背後地盤に何らかの異常が考えられます。また、擁壁に縦状の亀裂が発生している場合は、擁壁直下の地盤の異常が考えられます。

建物状況

　建物状況を把握することは、宅地地盤の状況を把握するうえで重要となります。
　水平に築造されたはずの建築物の高低差や直線であるはずの段差などは、地盤の不同沈下が原因の場合が多いです。チェックシートに記載した項目は、地盤自体に何らかの問題があることを示唆する場合があると考えられます。小規模建築物の場合には、建物自体の重量が比較的軽いため、記載した項目のような異常が認められた場合には、建物荷重が原因となる不同沈下より、地盤自体の不同沈下に起因した不同沈下の場合のほうが多いと考えられます。
　想定される敷地自体の問題点を現地踏査により実際の現象として確認することで、その後に実施する地盤調査を適切に実施することが可能となります。さらに、適切な地盤調査を行うことは、地盤状況や建物状況を反映した基礎構造の設計につながることになります。

155

第3編【資料編】

[資料2] 地盤と基礎にかかわる主な解説書の改変

≪『建築物の構造関係技術基準解説書』≫

① 1981年（昭和56年）　『改正建築基準法施行令新耐震基準に基づく構造計算指針・同解説〔1981年版〕』←日本建築センター編。1981年に建築基準法施行令が改正されて新耐震基準が施行

② 1986年（昭和61年）　『構造計算指針・同解説〔1986年版〕』←日本建築センター編。実際の構造計算の流れに沿った形に再編集

③ 1994年（平成6年）　『建築物の構造規定』←日本建築センター編。建築基準法施行令第3章「構造強度」全般の解説書に大幅改訂

④ 1997年（平成9年）　『建築物の構造規定〔1997年版〕』←日本建築センター編。耐震設計上留意すべき事項を整理

⑤ 2001年（平成13年）　『建築物の構造関係技術基準解説書』←建築物の構造関係技術解説書編集委員会編。2000年の建築基準法に性能規定が導入

⑥ 2007年（平成19年）　『建築物の構造関係技術基準解説書〔2007年版〕』←建築物の構造関係技術解説書編集委員会編。2005年構造計算書偽造問題、構造計算に関する新たな規定

⑦ 2015年（平成27年）　『建築物の構造関係技術基準解説書〔2015年版〕』←建築行政情報センター＝日本建築防災協会編。建築基準整備促進事業最新成果

【参考：『建築物の構造関係技術基準解説書〔2015年版〕』関係者の立場】
・国土交通省国土技術政策総合研究所：基準原案作成者の立場
・国立研究開発法人建築研究所：技術的・工学的妥当性の確認の観点
・国土交通省住宅局建築指導課：法令を所管する立場
・日本建築行政会議：審査実務上の観点
・一般社団法人日本建築構造技術者協会：設計実務上の観点

≪日本建築センター編『建築物のための改良地盤の設計及び品質管理指針』≫

① 1997年（平成9年）　初版

② 2002年（平成14年）　改訂版

③ 2004年（平成16年）　第2版

④ 2012年（平成24年）　改訂版第3版──セメント系固化材を用いた深層・浅層混合処理工法

156

［資料２］　地盤と基礎にかかわる主な解説書の改変

≪日本建築学会編『建築基礎構造設計指針』≫
① 1952年（昭和27年）　　　『建築基礎構造設計規準』
② 1960年（昭和35年）　　　『建築基礎構造設計規準』⇒〔A規準、B規準、C規準〕
③ 1974年（昭和49年）　　　『建築基礎構造設計規準・同解説』
④ 1988年（昭和63年）　　　『建築基礎構造設計指針〔初版〕』⇒調査計画、基礎設計、小規
　　模の３部作化
⑤ 2001年（平成13年）　　　『建築基礎構造設計指針〔第２版〕』

≪日本建築学会編『小規模建築物基礎設計指針』≫
① 1988年（昭和63年）　　　『小規模建築物基礎設計の手引き』
② 2008年（平成20年）　　　『小規模建築物基礎設計指針』

≪日本建築学会編『建築基礎設計のための地盤調査計画指針』≫
① 1985年（昭和60年）　　──1985年制定
② 1995年（平成７年）　　──1995改定
③ 2009年（平成21年）　　第３版

≪日本建築学会編『建築基礎構造設計のための地盤評価・Q＆A』≫
① 2015年（平成27年）　　初版

≪日本材料学会地盤改良部門委員会編『実務者のための戸建住宅の地盤改良・補強工法』≫
① 2010年（平成22年）　　初版

≪宅地防災研究会編『宅地防災マニュアル』≫
① 1989年（平成元年）　　初版
② 1998年（平成10年）　　改訂版
③ 2007年（平成19年）　　第２次改訂版

≪JIS A 1221：スウェーデン式サウンディング試験≫
① 1976年（昭和51年）　　制定
② 1993年（平成５年）　　SI導入準備
③ 1995年（平成７年）　　SI単位系に移行

157

第3編【資料編】

④　2002年（平成14年）　　自動化装置の許容、50N、150N、250Nの省略を許容
⑤　2013年（平成25年）　　自動化装置を半自動（回転のみ自動化）と全自動に区分、回転速度を1分間に50半回転数以下から60半回転数以下に規制緩和

≪地盤工学会編『地盤調査の方法と解説』≫
①　1995年（平成7年）　　土質調査法改訂編集委員会編『地盤調査法』
②　2004年（平成16年）　　地盤工学会地盤調査法改訂編集委員会編
③　2013年（平成25年）　　地盤工学会地盤調査規格・基準委員会編

≪地盤工学会編『地盤調査――基本と手引き』≫
①　1975年（昭和50年）　　土質工学会教育関係資料編集委員会編『土の試験・調査実習書』
②　1981年（昭和56年）　　土質工学会土の試験・調査実習書改訂委員会編『土の調査実習書』
③　1983年（昭和58年）　　土質工学会編『土の調査実習書〔第1回改訂版〕』
④　1996年（平成8年）　　土の調査実習書改訂編集委員会編『地盤の調査実習書』
⑤　2005年（平成17年）　　地盤工学会地盤の調査実習書改訂編集委員会編『地盤調査――基本と手引き』
⑥　2013年（平成25年）　　地盤工学会地盤調査規格・基準委員会WG12地盤調査―基本と手引き―改訂ワーキンググループ編『地盤調査――基本と手引き』

≪地盤工学会編『地盤材料試験の方法と解説』≫
①　1990年（平成2年）　　土質試験法（第3回改訂版）編集委員会編『土質試験の方法と解説』
②　2000年（平成12年）　　地盤工学会「土質試験の方法と解説」改訂編集委員会編『土質試験の方法と解説〔第1回改訂版〕』
③　2009年（平成21年）　　地盤工学会地盤調査法改訂編集委員会編『地盤材料試験の方法と解説』

≪地盤工学会編『土質試験基本と手引き』≫
①　1975年（昭和50年）　　土質工学会教育関係資料編集委員会編『土の試験・調査実習書』
②　1980年（昭和55年）　　土質工学会土の試験・調査実習書改訂委員会編『土の試験実習書』
③　1991年（平成3年）　　土の試験実習書（第2回改訂版）編集委員会編『土の試験実習書〔第2回改訂版〕』
④　2001年（平成13年）　　地盤工学会土の試験実習書（第1回改訂版）編集委員会編『土

［資料２］　地盤と基礎にかかわる主な解説書の改変

質試験──基本と手引き〔第１回改訂版〕』

⑤　2010年（平成22年）　　地盤工学会「土質試験─基本と手引─」改訂編集WG編『土質試験──基本と手引き〔第２回改訂版〕』

≪地盤工学会編『地盤工学用語辞典』≫

①　1990年（平成２年）　　土質工学会表記法検討委員会・標準用語集編集委員会編『土質工学標準用語集』

②　1985年（昭和60年）　　土質工学用語辞典編集委員会編『土質工学用語辞典』

③　2006年（平成18年）　　地盤工学会地盤工学用語辞典改訂編集委員会編『地盤工学用語辞典』

第3編【資料編】

[資料3] 昭和46年建設省告示第111号（抄）

〔昭和46年建設省告示第111号〕
地盤の許容応力度及び基礎ぐいの許容支持力を求めるための地盤調査の方法等（抄）

建築基準法施行令（昭和25年政令第338号）第93条の規定に基づき、地盤の許容応力度及び基礎ぐいの許容支持力を求めるための地盤調査の方法並びにその結果に基づき地盤の許容応力度及び基礎ぐいの許容支持力を定める方法を次のように定める。

第1　地盤の許容応力度及び基礎ぐいの許容支持力を求めるための地盤調査の方法は、次の各号に掲げるものとする。

一　ボーリング調査

二　標準貫入試験

三　静的貫入試験

四　ベーン試験

五　土質試験

六　物理探査

七　平板載荷試験

八　くい打ち試験

九　くい載荷試験

第2　地盤の許容応力度を定める方法は、次の表の(1)項又は(2)項に掲げる式によるものとする。

	長期応力に対する地盤の許容応力度を定める場合	短期応力に対する地盤の許容応力度を定める場合
(1)	$qa=\frac{1}{3}(\alpha C Nc+\beta \gamma_1 B N\gamma+\gamma_2 Df Nq)$	$qa=\frac{2}{3}(\alpha C Nc+\beta \gamma_1 B N\gamma+\frac{1}{2}\gamma_2 Df Nq)$
(2)	$qa=qt+\frac{1}{3}N' \gamma_2 Df$	$qa=2qt+\frac{1}{3}N' \gamma_2 Df$

（以下、略）

160

［資料5］　平成13年7月2日国土交通省告示第1113号（抄）

[資料4]　平成12年5月23日建設省告示第1347号（抄）

〔平成12年5月23日建設省告示第1347号〕

建築物の基礎の構造方法及び構造計算の基準を定める件（抄）

　建築基準法施行令（昭和25年政令第338号）第38条第3項及び第4項の規定に基づき、建築物の基礎の構造方法及び構造計算の基準を次のように定める。

第1　建築基準法施行令（以下「令」という。）第38条第3項に規定する建築物の基礎の構造は、次の各号のいずれかに該当する場合を除き、地盤の長期に生ずる力に対する許容応力度（改良された地盤にあっては、改良後の許容応力度とする。以下同じ。）が20kN/㎡未満の場合にあっては基礎ぐいを用いた構造と、20kN/㎡以上30kN/㎡未満の場合にあっては基礎ぐいを用いた構造又はべた基礎と、30kN/㎡以上の場合にあっては基礎ぐいを用いた構造、べた基礎又は布基礎としなければならない。

　一　木造の建築物のうち、茶室、あずまやその他これらに類するもの又は延べ面積が10㎡以内の物置、納屋その他これらに類するものに用いる基礎である場合

　二　地盤の長期に生ずる力に対する許容応力度が70kN/㎡以上の場合であって、木造建築物又は木造と組積造その他の構造とを併用する建築物の木造の構造部分のうち、令第42条第1項ただし書の規定により土台を設けないものに用いる基礎である場合

　三　門、塀その他これらに類するものの基礎である場合

（以下、略）

[資料5]　平成13年7月2日国土交通省告示第1113号（抄）

〔平成13年7月2日国土交通省告示第1113号〕

地盤の許容応力度及び基礎ぐいの許容支持力を求めるための地盤調査の方法並びにその結果に基づき地盤の許容応力度及び基礎ぐいの許容支持力を定める方法等を定める件（抄）

　建築基準法施行令（昭和25年政令第338号）第93条の規定に基づき、地盤の許容応力度及び基礎ぐいの許容支持力を求めるための地盤調査の方法を第1に、その結果に基づき地盤の許容応力度及び基礎ぐいの許容支持力を定める方法を第2から第6に定め、並びに同令第94条の規定に基づき、地盤アンカーの引抜き方向の許容応力度を第7に、くい体又は

161

第3編【資料編】

地盤アンカー体に用いる材料の許容応力度を第8に定める。

第1　地盤の許容応力度及び基礎ぐいの許容支持力を求めるための地盤調査の方法は、次の各号に掲げるものとする。

　　一　ボーリング調査

　　二　標準貫入試験

　　三　静的貫入試験

　　四　ベーン試験

　　五　土質試験

　　六　物理探査

　　七　平板載荷試験

　　八　載荷試験

　　九　くい打ち試験

　　十　引抜き試験

第2　地盤の許容応力度を定める方法は、次の表の(1)項、(2)項又は(3)項に掲げる式によるものとする。ただし、地震時に液状化するおそれのある地盤の場合又は(3)項に掲げる式を用いる場合において、基礎の底部から下方2m以内の距離にある地盤にスウェーデン式サウンディングの荷重が1kN以下で自沈する層が存在する場合若しくは基礎の底部から下方2mを超え5m以内の距離にある地盤にスウェーデン式サウンディングの荷重が500N以下で自沈する層が存在する場合にあっては、建築物の自重による沈下その他の地盤の変形等を考慮して建築物又は建築物の部分に有害な損傷、変形及び沈下が生じないことを確かめなければならない。

	長期に生ずる力に対する地盤の許容応力度を定める場合	短期に生ずる力に対する地盤の許容応力度を定める場合
(1)	$qa=\frac{1}{3}(ic\ \alpha\ C\ Nc+i\gamma\ \beta\ \gamma_1\ BN\gamma$ $+iq\ \gamma_2\ Df\ Nq)$	$qa=\frac{2}{3}(ic\ \alpha\ C\ Nc+i\gamma\ \beta\ \gamma_1\ B\ N\gamma$ $+iq\ \gamma_2\ Df\ Nq)$
(2)	$qa=qt+\frac{1}{3}N'\ \gamma_2\ Df$	$qa=2qt+\frac{1}{3}N'\ \gamma_2\ Df$
(3)	$qa=30+0.6\overline{Nsw}$	$qa=60+1.2\overline{Nsw}$

（以下、略）

［資料6］ 地盤に関する用語解説

用語	説明	該当箇所
［あ行］		
圧密	粘土地盤の上に荷重がかかることによって間隙水が絞り出され、時間の経過とともに土の体積が収縮（地盤沈下）していく現象。	第2編Q12、29
異種基礎	一体構造物の部分によって、異なった支持層・支持機構・基礎形式等を使い分ける基礎。	第2編Q31
一軸圧縮強さ	土に対して水平方向から力を加えない状態で鉛直方向に圧縮した時に抵抗する応力の最大値。	第2編Q3、20、22、48
液状化	砂質土地盤において、地震動の作用により粒子間の水圧が急上昇して、液体のようになる現象。	第1編、第2編Q10、20、33、34、35
［か行］		
換算N値	一般に①スウェーデン式サウンディング試験の結果から推定するN値の近似値、②標準貫入試験の実測値に対する30cm換算値、③建築学会方式の液状化検討で用いる拘束圧で補正した換算値等の呼称。	第2編Q20、32
含水比	ある容積の土に含まれる水の質量の土粒子だけの質量に対する比率を百分率で表した数値。	第2編Q29
技術基準	宅地に関する公的な機関が定めた技術的な基準。	第2編Q42
基礎	基礎スラブ・地業・杭・地盤補強等を総称したもの。上部構造に対して、基礎構造と呼称。	第2編Q4、19、20、21
切土	丘陵地の土砂・岩石を取り除いて造成された地盤。	第2編Q8、9、41、43
杭	構造物荷重を支持地盤に伝えるために、地中に打ち込む柱状のもの。木杭、鋼管杭、コンクリート杭など。	第2編Q9、19、40
杭基礎	直接基礎に対して、基礎スラブからの荷重を杭を介して支持地盤に伝える基礎形式。	第2編Q19、20、21、40

第3編【資料編】

熊本地震	2016年4月16日に発生した内陸型地震で、活断層周辺の宅地で大きな被害。	第1編、第2編コラム6
クリープ沈下	地盤に持続的に荷重が作用すると、荷重が一定であっても時間の経過とともに沈下が増大する現象。	第2編Q29
傾斜角	不同沈下の傾斜の程度。不同沈下した差分（鉛直距離）を水平距離で除してラジアン表記。	第2編Q29
限界状態	基礎構造に求められる要求性能。3つの限界状態（使用限界、損傷限界、終局限界）により規定。	第2編Q33
洪積層	現在の台地・段丘や沖積平野表層の沖積層の下位を構成する締まった地層。宅地についてはよい地盤。	第2編Q1
拘束圧	土に対して水平方向から作用する圧力。	第2編Q32
コーン貫入試験	コーンプローブをロッドの先端に取り付け、貫入装置を用いて地盤に貫入し、地盤情報を連続的に調査する方法。	第2編Q3、22
国土の脆弱性	日本の国土の自然災害の多さと地形・地質的に脆弱なこと。	第2編Q49、50
コンシステンシー	土が含水比によって液状から固体状にまで変化する性質のこと。	第2編Q32
［さ行］		
サンプリング	室内土質試験等に用いる土試料を採取すること。	第2編Q1、2、22
支持地盤	構造物の荷重を支えられる地盤のこと。	第2編Q4、13、21
支持層	構造物の鉛直荷重を直接基礎や杭基礎等で伝達し、その構造物を支えることができる地盤または地層。	第2編Q4、19、21
自沈層	スウェーデン式サウンディング試験において、1kN以下の荷重でスクリューポイントが地盤中に貫入する地層。	第2編Q1、12、17、20、26
地盤改良	構造物を地盤上に構築するにあたり、地盤の安定性を保つために人工的に地盤の性質を改良すること。	第2編Q7、19、20、21

164

［資料6］　地盤に関する用語解説

地盤品質判定士	地盤の専門家で、宅地の相談に乗ってくれる技術者。	第2編Q18、37、38
地盤補強	直接基礎の底面下に支持力の増加や有害な沈下・変形を防止するために行う地盤改良または小口径杭による補強。	第2編Q12、39
締固め	土を締め固めることによって、土をより強く・硬くすること。	第2編Q9、22
小口径鋼管杭	鋼管径として50〜200mm程度の一般構造用炭素鋼の鋼管。	
深層混合処理工法	現地土にセメント系固化材をスラリー状あるいは粉粒状にして機械的に混合攪拌し柱状の改良体を構築する工法。	第2編Q12、39、
スウェーデン式サウンディング試験	ロッドに取り付けたスクリューポイントを地盤中に貫入・回転させ、その自沈荷重や回転数から土の硬軟や土層構成を判定する静的サウンディング試験。略称はSWS試験。	第2編Q1、2、3、5、11、12、13、14、15、16、17、18、19、20、22、24、25
スレーキング	地盤材料が地下水や雨水などの水分を吸収し、湿潤と乾燥を繰り返すことで細粒化する現象。	第2編Q9
浅層混合処理工法	現地土にセメント系固化材を散布あるいは注入後、機械的に混合攪拌し改良地盤を構築する工法。	第2編Q39
造成地	設計された地盤高になるように手が加えられた人工的な地盤。主に切土と盛土などのこと。	第2編Q8、9、41、43、44
相対密度	砂の締まり具合が最も密な状態と最も緩い状態の間のどの程度に位置するかを示す指標。	第2編Q32
［た行］		
宅地情報シート	消費者が宅地を選ぶときに地盤の問題点の有無を簡易的にスクリーニングできる情報シート	第3編宅地情報シート
宅地にかかわる保険	火災保険と地震保険などが宅地にかかわる保険	第2編コラム3

165

第3編【資料編】

地耐力	地盤がどの程度の荷重に耐えられるか、支持力と沈下の両面を満足する抵抗力を示す指標。	第2編Q6、26
沖積層	現在の沖積平野の表層を構成する緩い地層。海岸低地では最終氷期（概ね1万8000年前）以降の海進堆積物。軟弱な悪い地盤を含む地層。	第2編Q1
直接基礎	基礎スラブからの荷重を直接地盤に伝える形式の基礎。	第2編Q4、19、20、21
沈下	地表面が下がる現象。建築物が構築された場合に地耐力を超えて荷重が載荷された場合に発生。	第2編Q6、26
土圧	地盤内における土による圧力のこと。状態によって静止土圧、受働土圧、主働土圧に分類。	第2編Q46
独立基礎	上部構造の局部的単一な荷重に対して設けられる基礎。	第2編Q19、20、21
［な行］		
内部摩擦角	土粒子の機械的噛み合わせによって生じる抵抗角。	第2編Q3、48
軟弱地盤	構造物の支持地盤として十分な支持力がない地盤。	第2編Q1、12
布基礎	上部構造の支持要素（壁、柱）に沿って連続して配置した基礎。基礎梁と基礎スラブにより構成され、基礎梁両側からの基礎スラブ幅が同じもののこと。連続基礎とも呼称。	第2編Q19、20、21
粘着力	粘土粒子間の電気化学的な吸着力。	第2編Q3、22、48
［は行］		
東日本大震災	2011年3月11日に発生したM9.0の大地震により、東日本で宅地の地すべりや液状化被害が多発。	第1編
標準貫入試験	重錘を所定の高さから自由落下させたエネルギーでサンプラーを地盤に貫入させ、地盤の硬軟や締まり具合、土質構成などの情報を得る試験。	第2編Q1、6、7、22
表面波探査	地震波の一種である表面波を用いて行う物理探査で、振動を用いた地盤調査方法。振動は硬い物質ほど早く伝わり、軟らかい物質では遅く伝わるという性質を利用し地盤の硬軟を明らかにする方法。	第2編コラム4

166

［資料6］　地盤に関する用語解説

広島土砂災害	2014年8月20日に発生した土砂災害で、土石流によって多くの宅地が被災。	第1編
不同沈下	構造物の不均一な沈下のことで、沈下形状は一体傾斜と変形傾斜に分類。傾斜角、変形角、相対沈下量などで評価。	第2編Q9、29
平板載荷試験	原地盤に剛な載荷板を設置して荷重を与え、荷重の大きさと沈下量の関係から地盤の変形や強さなど支持力特性を調べるための試験。	第2編Q4、22
べた基礎	上部構造の広い範囲の荷重を単一のスラブで地盤へ伝える基礎。二段配筋で剛構造とすると効果が増加。	第2編Q19、20、21
変形角	構造物の途中から変化する傾斜角の相互の差であり、それぞれの傾斜角の差をラジアンで表記。	第2編Q29
変形係数	土の応力とひずみの比率のことで変形特性を表す指標。室内土質試験、平板載荷試験、孔内水平載荷試験、PS検層などで評価。	第2編Q6、22、26
［ま行］		
マグニチュード	地震が発するエネルギーの大きさを対数で表した指標値。	第2編Q33
盛土	自然地盤の上に土を盛り上げ、あるいは埋めて造成された人工地盤。	第2編Q8、9、41、43
［や行］		
有効数字	測定結果などを表わす数字のうちで位取りを示すだけのゼロを除いた意味のある数字。	第2編Q32
擁壁	切土または盛土などの安定化を図るために、土圧に抵抗する壁体構造物。	第2編Q41、45、46、47
［ら行］		
粒径加積曲線	目開きの異なるふるい目を通過した土の量の質量百分率（％）を縦軸に、粒径を対数目盛の横軸にしてプロットしたもの。	第2編Q5
粒度	土に含まれる大小粒子の混合の程度。	第2編Q4、5

167

第3編【資料編】

［アルファベットほか］		
gal	地震に関連する分野ではよく用いられる、CGS単位系における加速度の単位。 1 G=980gal=980cm/sec^2	第2編Q33
GNS	日本の国土の脆弱性に着目した自然災害に対する安全性の指標。	第2編Q49、50
N値	質量63.5±0.5kgのドライブハンマーを76±1cm自由落下させて、標準貫入試験用サンプラーを地盤に30cm打ち込むのに要する打撃回数。	第2編Q1、4、6、7、20

あとがき

　2011年3月11日に発生した東日本大震災では、宅地に関連した多くの被害が発生しました。さらに、豪雨に伴い発生する土砂災害も各地で頻発しており、住宅を含む宅地地盤に甚大な被害をもたらしてきました。

　東日本大震災以降、地盤に関する知識がほとんどない法律家・消費者の方々も、自分自身が住む住宅地盤あるいは住宅周辺の地盤に少なからず関心をもつようになったことと思います。しかし、地盤に関する正しい知識はいまだに普及しているとはいえません。住宅に関しては、従来、建物本体のみに関心がいきがちだったと思われます。一生ものの買い物である住宅を支える地盤を知り、地盤も含めて考えることで、より安全・安心な住宅を築くことができるでしょう。

　本書は、法律家・消費者の方々に地盤に関する理解を深めていただくために、地盤に関する基礎事項をＱ＆Ａ形式としてまとめました。地盤に関する知識を習得するためには、専門用語はもちろんのこと、解説する内容も複雑で難解なものとなります。このような課題を解決し、法律家・消費者の方々にも平易に理解していただけるような書籍をめざしました。編集にあたっては、地盤の専門家のみならず、弁護士など必ずしも地盤の専門家でない方々のご意見もうかがいながら、企画から執筆までを進めてきました。また、Ｑ＆Ａ形式による住宅地盤の基礎事項の解説のほかに、住宅地盤に関連したコラムも執筆しました。

　本書が、法律家・消費者の皆様の住宅地盤の理解の一助になることを期待しております。

2017年4月

　公益社団法人地盤工学会関東支部

　地盤リスクと法・訴訟等の社会システムに関する事例研究委員会幹事長

　『法律家・消費者のための住宅地盤Ｑ＆Ａ』編集ワーキンググループ長

渡　邉　康　司

法律家・消費者のための**住宅地盤Ｑ＆Ａ**

平成29年5月9日　第1刷発行

定価　本体 2,300円＋税

編　者　地盤工学会関東支部地盤リスクと法・訴訟等の
　　　　社会システムに関する事例研究委員会
発　行　株式会社　民事法研究会
印　刷　株式会社　太平印刷社

発行所　株式会社　民事法研究会
　　　　〒150-0013　東京都渋谷区恵比寿3-7-16
　　　　〔営業〕TEL 03（5798）7257　FAX 03（5798）7258
　　　　〔編集〕TEL 03（5798）7277　FAX 03（5798）7278
　　　　http://www.minjiho.com/　　info@minjiho.com

組版／民事法研究会　　カバーデザイン／袴田峯男
落丁・乱丁はおとりかえします。ISBN978-4-86556-159-3 C2032 ¥2300E

▶欠陥住宅問題の現状を示す判例集の第7弾！

消費者のための [第7集]
欠陥住宅判例
―被害の救済から予防をめざして―

欠陥住宅被害全国連絡協議会　編

A5判・564頁・定価　本体5,400円＋税

▷▷▷▷▷▷▷▷▷▷▷▷▷▷▷▷▷ **本書の特色と狙い** ◁◁◁◁◁◁◁◁◁◁◁◁◁◁◁◁◁

▶消費者問題であるとの認識が定着した欠陥住宅問題に対して、裁判によって司法的救済を図り、被害者が勝ち取った注目の判決を全文掲載した判例集の第7弾！

▶第7集では、構造計算の誤りを見逃した民間指定確認検査機関の責任を認めた判決や、地盤の瑕疵を認めた判決など18の判決例を収録！

▶第6集発行後の最新判決を中心に、物件別（戸建て／マンション／その他）、入手経緯別（新築売買／請負）、構造別（木造／鉄骨造／その他）に分類して解説するとともに、判決全文の前に判決要旨をまとめているため、被害事例に応じてすぐに参照できる！　また、資料編には、第1集から第7集までの収録判例を一覧表として掲載しており、瑕疵論・責任論・損害論のポイントが一目でわかる！

▶「安全な住宅に居住する権利の確立」をめざす弁護士や建築士、行政機関の担当者はもちろん、欠陥住宅問題に関心を有するすべての方の必携書！

❖❖❖❖❖❖❖❖❖❖❖❖❖❖❖❖❖❖❖ **本書の主要内容** ❖❖❖❖❖❖❖❖❖❖❖❖❖❖❖❖❖❖❖

・本書利用の手引

判 例 編

1　戸建て
① 新築売買
　〔木造5件・鉄骨造1件〕
② 請　負
　〔木造3件・その他1件〕
2　マンション〔4件〕
3　その他〔4件〕

資 料 編

① 木造戸建て住宅に関する裁判例一覧表
② 鉄骨造・鉄筋コンクリート造・その他に関する裁判例一覧表
③ 欠陥住宅問題に取り組むための参考文献
④ 欠陥住宅ネット相談窓口一覧

発行 民事法研究会

〒150-0013　東京都渋谷区恵比寿3-7-16
（営業）TEL. 03-5798-7257　FAX. 03-5798-7258
http://www.minjiho.com/　info@minjiho.com

▶住宅リフォーム被害の予防と救済に役立つ1冊！

消費者のための
住宅リフォームの
法律相談Q＆A
―正しい発注契約からトラブル対応まで―

日本弁護士連合会消費者問題対策委員会　編

A5判・207頁・定価　本体1,800円＋税

▷▷▷▷▷▷▷▷▷▷▷▷▷▷▷▷▷▷ **本書の特色と狙い** ◁◁◁◁◁◁◁◁◁◁◁◁◁◁◁◁◁◁

▶被害の予防・救済の観点の下、リフォーム業者選定のポイントや見積書の見方、リフォームに対する公的補助や支援制度など、リフォーム検討時の留意点から、工事施工後に瑕疵が発見された場合や追加工事代金を請求された場合の対処方法など、事後のトラブルへの対応方法までを解説！

▶わが国のリフォームの現状、被害の実態、被害発生の原因を概説するとともに、被害の予防と救済について、建築・住宅問題に精通した弁護士がQ＆A方式で具体例を示しつつ、わかりやすく解説！

❖❖❖❖❖❖❖❖❖❖❖❖❖❖❖ **本書の主要内容** ❖❖❖❖❖❖❖❖❖❖❖❖❖❖❖

第1部　総論――住宅リフォーム被害の予防と救済――
　Ⅰ　住宅リフォームの背景事情
　Ⅱ　リフォーム被害の実情
　Ⅲ　法的手続による被害救済の困難性
　Ⅳ　リフォーム被害に遭わないための注意点
　Ⅴ　リフォーム被害に遭ってしまったら
　Ⅵ　リフォーム被害の予防・救済のための法的対策の必要性

第2部　リフォーム相談Q＆A（全55問）※詳細は裏面参照

第3部　参考資料
　【参考資料1】
　日本弁護士連合会「リフォーム被害の予防と救済に関する意見書」（2011年4月15日）
　【参考資料2】
　住宅リフォームをする際の一般的な流れとチェックリスト

発行　民事法研究会

〒150-0013　東京都渋谷区恵比寿3-7-16
（営業）TEL. 03-5798-7257　FAX. 03-5798-7258
http://www.minjiho.com/　info@minjiho.com